# 民事保全法要論

戸根住夫 著
Tone Sumio

法律文化社

## 改題改訂版はしがき

　本書旧版（コンパクト民事保全法）は、刊行後10年以上が経過し、その間に関連する多くの法令改廃や判例を見たので、これらに対応するのに必要な修正、変更を施し、なおその他若干の箇所で記述を補正するため、改版を試みた。ただし執筆の方針と骨子は、旧版のそれを踏襲している。今般特に力を注いだ新規記述箇所は、人事訴訟、非訟事件を本案とする仮処分の項である。

　　2015年1月9日

著　　者

## 旧版はしがき

　私が「仮差押・仮処分に関する諸問題」(司法研究報告書14輯4号)を著したのは，40年も前のことである。あらためて読み返してみると，法改正や学説の進展のため陳腐となった記述，今では間違っていると思う論議，稚拙な筆運びも少なくない。しかし，この旧稿で意図したのは，当時この分野の実務と文献に蔓延していたマンネリズムと理論無視の便宜主義に批判を加えることにあったもので，微力のため勿論その効果が十分にあがったとは思っていないが，方向自体は間違っていなかったと今でも考えている。その後，関係分野の学説の進展は目覚ましく，ことに近年は民事保全法の制定に触発され，数多の優れた研究成果を見るに至っている。そこではかつての極端な独善論がほとんど姿を消し，精緻な解釈論や周到な実務指針を展開しているものも少なくない。しかしそれにもかかわらず，なおこの分野では，敢えていうならば，従前の慣行が不合理であっても惰性で実務を支配している傾向が濃厚であり，公刊された文献でも，この現状に対する批判に重点を置くものは，あまり見られない。

　以上の次第で，本書は，民事保全法の概説書であるから，初学者が通読することも念頭に置いて執筆したが，それよりも，研究者や実務家の諸子が実務，通説に対する批判の部分を重点的に読んで頂くことを期待している。記述に当たっては，どの文献にも書いてあるような疑問点が少ない立法趣旨や条文解釈については，できる限り簡潔を旨としたが，少なからぬ箇所では，私見を強調するため，体系書に通常求められる繁簡のバランスをやや失することも意に介しなかった。基礎理論については，おおむね権威のある判例や学説に従っているつもりであるが，私が正当と信ずる理論とこれから導かれる論理的帰結が，現行の実務，通説と相容れぬ場合，その実務，通説の変改を求めることには躊躇していない。私が指摘している実務，通説の誤りは，無数にあるが，多くは本邦独自のそれにかかるものである。(a)仮差押えの裁判手続と執行手続とは

旧版はしがき

截然区別されるのに，両者の混淆により手続の不透明をもたらす実務慣行と論説が横行していること，(b)実務と判例，学説が，保全命令の効力の客観的範囲を画すべき本案請求権の確定を曖昧にすることを事実上容認し，ことに「請求の基礎の同一」という場違いの基準をもって随所で本案請求権の流用を肯認しているため，しばしば債務者の地位の不安定と手続の混迷を招いていること，(c)大多数の保全命令で訴訟費用の裁判が脱漏していること，などを顕著な例とする。もとより私見の至らぬ点は多々あると思うし，民事保全の分野における理論と実務の架橋という本書の意図がどの程度まで達成し得ているかは，読者の判定と将来の動向にまつほかはない。

　本書の執筆は，かねて多くの方々から頂いた学恩の所産であり，ことに畏友中野貞一郎大阪大学名誉教授からは，種々貴重な記述上の助言を頂き，また萩屋昌志龍谷大学教授からは，原稿段階での全文閲読を通じて多くの欠陥指摘を受けることができた。記して謝意を表するものである。

2003年8月18日

著　者

## 文献略語表

兼子・執行法：　兼子一・増補強制執行法
菊井・民訴法(2)：　菊井維大・民事訴訟法（二）
竹下＝藤田・注解：　竹下守夫＝藤田耕三編・注解民事保全法
竹下＝藤田・体系書：　竹下守夫＝藤田耕三編・民事保全法
瀬木・民保法：　瀬木比呂志・民事保全法（新訂版）
中野・民執法：　中野貞一郎・民事執行法（増補新訂6版）
山崎・解説：　山崎潮・民事保全法の解説（新法解説叢書14）
西山・概論：　西山俊彦・新版保全処分概論
丹野・民保実務：　丹野達・民事保全手続の実務
民事保全講座：　中野貞一郎＝原井龍一郎＝鈴木正裕編・民事保全講座
岩野ほか・強制競売と仮処分：　岩野徹ほか・強制執行セミナー(4)「強制競売と仮処分」（ジュリスト選書）
吉川・基本問題：　吉川大二郎・増補保全訴訟の基本問題
吉川・研究：　吉川大二郎・保全処分の研究
吉川・諸問題：　吉川大二郎・増補仮処分の諸問題
吉川・判例：　吉川大二郎・判例保全処分
戸根・諸問題：　戸根住夫・仮差押・仮処分に関する諸問題（司法研究報告書）
戸根・訴訟と非訟：　戸根住夫・訴訟と非訟の交錯
野村・研究：　野村秀敏・民事保全法研究
判時：　判例時報
判タ：　判例タイムズ
判例百選：　別冊ジュリスト「保全判例百選」
民商：　民商法雑誌

*Baumbach/Lauterbach*：　Adolf *Baumbach,*/Wolfgang *Lauterbach*/Jan *Albers*/Peter *Hartmann*, Zivilprozeßrecht 67. Aufl.

MünchKomm：　Münchener Kommentar zur Zivilprozeßordnung 2. Aufl.（Arrest und einstweilige Verfügung, bearbeitet von Meinhard *Heinze*）

*Schuschke/Walker* :　　Winfried *Schuschke*/Wolf-Dietrich *Walker*, Vollstreckung und Vorläufige Rechtsschutz Bd. II Arrest und Einstweilige Verfügung 2. Aufl.

*Stein/Jonas* :　Friedrich *Stein*/Martin *Jonas*, Kommentar zur Zivilprozeßordnung 22. Aufl. (Zwangsvollstreckungsrecht, bearbeitet von Wolfgang *Münzberg*, Wolfgang *Grunsky* usw.)

*Thomas/Putzo* :　Heinz *Thomas*- Hans *Putzo*, Zivilprozeßordnung 22.Aufl. (Arrest und einstweilige Verfügung, bearbeitet von Klaus *Reichold*)

*Baur/Stürner* :　Fritz *Baur*/Rolf *Stürner*, Zwangsvollstreckungs- konkurs- und Vergleichsrecht Bd. I 12. Aufl.

*Jauernig/Berger* :　Othmar *Jauernig*/Christian *Berger*, Zwangsvollstreckungs- und Insolvenzrecht 22. Aufl.

*Rosenberg*, Lehrbuch :　Leo *Rosenberg*, Lehrbuch des deutschen Zivilprozeßrechts 9. Aufl.

*Rosenberg/Schwab/Gottwald* :　Leo *Rosenberg*/Karl Heinz *Schwab*/Peter Gottwald, Zivilprozeßrecht 17. Aufl.

*Gaul/Schilken/Becker-Eberhard* :　Leo *Rosenberg*/Hans Friedhelm *Gaul*/Eberhard *Schilken*/Ekkehard *Becker-Eberhard*, Zwangsvolllstreckungsrecht 12. Aufl.

*Baur*, Studien :　Fritz *Baur*, Studien zum einstweiligen Rechtsschutz.

*K. Blomeyer* :　Karl *Blomeyer*, Arrest und einstweilige Verfügung, ZZP 65.Bd. S.52ff.

*Jauernig*, Inhalt :　Othmar *Jauernig*, Der zulässige Inhalt einstweiliger Verfügung, ZZP 79.Bd. S.321ff.


BGH :　Bundesgerichtshof

RG :　Reichsgericht

# 目　　次

改題改訂版はしがき
旧版はしがき
文献略語表

## 序　章　民事保全手続の概観　　3
*1* 民事保全制度の存在理由と現行法の体系（3）　*2* 民事保全の裁判手続と執行手続（4）　*3* 民事保全法の制定（5）

## 第1部　民事保全の裁判手続（保全命令）

### 第1章　保全命令の基本構造と手続原則　　9

§Ⅰ　基本構造　　9
*1* 保全命令の種類と要件（9）　*2* 訴訟物（10）　*3* 申立ての単複異同（10）　*4* 重複申立ての禁止（13）　*5* 申立ての変更（14）　*6* 既判力（14）

§Ⅱ　手続原則　　15
*1* 処分権主義（15）　*2* 任意的口頭弁論，決定（16）　*3* 当事者（17）

### 第2章　仮差押命令　　18

§Ⅰ　要　件　　18
*1* 被保全権利（18）　*2* 保全の必要性（仮差押えの理由）（19）

§Ⅱ　申立手続　　22
*1* 管　轄（22）　*2* 申立て（24）　*3* 審　理（26）　*4* 裁　判（27）

## 第3章　仮処分命令 …………………………………………… 34

### §Ⅰ　種　　類 ……………………………………………… 34

### §Ⅱ　係争物に関する仮処分の要件 ………………………… 35
*1* 被保全権利(35)　*2* 保全の必要性(仮処分の理由)(36)

### §Ⅲ　仮の地位を定める仮処分の要件 ……………………… 37
*1* 制度の目的(37)　*2* 争いのある権利関係(38)　*3* 保全の必要性(仮処分の理由)(38)　*4* 他の法令との関連(39)

### §Ⅳ　仮処分の方法 …………………………………………… 45
*1* 仮処分の方法の多様性(45)　*2* 申立てによる制約(45)　*3* 本案請求権による制約(46)　*4* 執行との関連(46)　*5* 暫定性(47)　*6* 24条所定の仮処分典型例(51)

### §Ⅴ　申 立 手 続 ……………………………………………… 53
*1* 仮差押命令の申立手続との原則共通(53)　*2* 管　轄(53)　*3* 申立ての方式(53)　*4* 審　理(54)　*5* 仮処分命令の内容(54)　*6* 仮処分の抵触(57)

## 第4章　保全命令の手続における救済 …………………… 59

### §Ⅰ　保 全 異 議 ……………………………………………… 59
*1* 要　件(59)　*2* 管　轄(60)　*3* 申立て(61)　*4* 審　理(63)　*5* 裁　判(65)

### §Ⅱ　本案の訴えの不提起等による保全取消し …………… 68
*1* 本案の起訴等の命令(68)　*2* 本案訴訟の提起(69)　*3* 保全命令の取消し(71)

### §Ⅲ　事情の変更による保全取消し ………………………… 73
*1* 事情の変更(73)　*2* 保全命令の取消し(74)

### §Ⅳ　特別の事情による保全取消し ………………………… 77
*1* 特別の事情(77)　*2* 仮処分命令の取消し(77)

### §Ⅴ　救済方法の競合 ………………………………………… 79

§Ⅵ 保全抗告 ································································· 80
　1 保全抗告に服する裁判（80）　2 手　続（81）

# 第2部　民事保全の執行手続（保全執行）

## 第5章　保全執行総論 ································································· 87
　§Ⅰ 強制執行に関する規定の原則的適用 ·································87
　§Ⅱ 執行開始要件に関する特則 ················································90
　　1 執行文（90）　2 執行期間（90）　3 保全命令の送達（94）

## 第6章　仮差押えの執行 ································································· 95
　§Ⅰ 本差押えとの等質性 ····························································95
　§Ⅱ 各種の仮差押執行 ·································································95
　　1 不動産に対する仮差押執行（95）　2 船舶に対する仮差押執行（98）
　　3 航空機，自動車，建設機械に対する仮差押執行（99）　4 動産に対する仮差押執行（100）　5 債権およびその他の財産権に対する仮差押執行（100）
　§Ⅲ 仮差押執行の停止および取消し ·······································102
　§Ⅳ 本執行への転移 ···································································104

## 第7章　仮処分の執行 ································································· 106
　§Ⅰ 各種の仮処分執行 ·······························································106
　　1 物の引渡しを命ずる仮処分（106）　2 作為または不作為を命ずる仮処分（106）　3 仮処分で命じた意思表示の擬制（107）　4 不動産の登記請求権保全のための処分禁止の仮処分（107）　5 不動産に関する権利以外の権利に係る登記または登録請求権保全の処分禁止の仮処分（108）
　　6 建物収去土地明渡請求権保全のための建物の処分禁止の仮処分（108）
　　7 金銭の支払を命ずる仮処分（109）　8 法人の代表者の職務執行停止等の仮処分（109）

§Ⅱ 仮処分執行の停止および取消し ……………………………… 110
§Ⅲ 若干の仮処分に係る執行の効力 ……………………………… 111
 *1* 登記請求権等保全のための処分禁止の仮処分（111） *2* 占有移転禁止の仮処分（114） *3* 建物収去土地明渡請求権保全のための建物処分禁止の仮処分（118）

事 項 索 引 ……………………………………………………………… 119
判 例 索 引 ……………………………………………………………… 122

# 民事保全法要論

# 序章　民事保全手続の概観

## 1　民事保全制度の存在理由と現行法の体系

**(1)**　近代国家は，私権に関する紛争の解決につき自力救済を原則的に禁止し，債権者が権利の実現を全うするためには，判決手続またはこれに代替する手続によって債務名義を取得し，これに基づき国家機関による強制執行を経るものとしている。しかし，以上を経由するにはしばしば相当の日子を必要とすることが避けられない。このことから生ずる懸念の第一は，債権者が債務名義を取得する以前に，債務者の不信行為等により強制執行の効果的な実施が不可能ないし困難となることであり，懸念の第二は，債権者が権利の終局的満足を得るための債務名義を取得するまでの過程で，既に現在の損害を被りもしくは当面の危険にさらされることである。

**(2)**　上記の事態を避けるための特別の暫定的簡易手続は，旧民事訴訟法においても「仮差押及ビ仮処分」（同法6編4章）として認められていた。「民事保全」とは，この制度を継承した民事保全法の造語にほかならない。それは，同法1条によれば，(a)民事訴訟の本案の権利の実現を保全する（上記第一の障碍除去）ための (aa) 仮差押え，(bb) 係争物に関する仮処分，(b)本案の権利関係につき仮の地位を定める（上記第二の障碍除去）ための仮処分を総称し，そのまま民事保全の種類を明示するものである。

**(3)**　民事保全法上の民事保全以外にも，法が認める態様の暫定的保全処分の例は多くある。仮登記仮処分（不登法105条），行政処分の執行停止決定（行訴法25条〜29条），相続財産管理の保全処分（民法895条，918条2項，943条，家事法別表1-88，90，97），家事審判前の保全処分（家審法105〜115条126条，134条，144条，157

001

002

003

条，166条，175条，187条，200条，215条，225条，239条），調停前の保全処分（民調法12条，家事法266条），民事執行の停止等の裁判（民訴法334条2項，398条1項，399条，民執法10条6項，11条2項，32条2項，36条，37条，38条4項，132条3項，183条1項5号～7号），差押不動産売却のための保全処分（民執法55条），不動産最高価買受申出人または買受人のための保全処分（同法77条），破産宣告前の保全処分（破産法28条），民事再生手続開始前の保全処分（民事再生法30条），などがそれである。これらの保全処分は，関係法規でしばしば「仮差押，仮処分」といった文言が用いられているので，誤解を招き易いが，いずれも民事保全法上の民事保全には該当しない。本書では通例に従いこれを「仮の処分（einstweilige Anordnung）」と呼称する。仮の処分の発令要件と手続は，当該関係法規が個別に定めるところによる。大概は，基本となる手続の係属中に附随の申立てに基づき発せられる。民事保全法の保全処分とは異なり，背景に民事訴訟の訴訟物となり得る本案請求権の存在を要件としないものが多い。法が所定の要件で仮の処分の発令を認めている場合は，他種の暫定的処分を排除する趣旨であるから，同じ方向の民事保全法上の保全処分は認められない（→315-6）。

## 2　民事保全の裁判手続と執行手続

004　(1)　民事訴訟の一般が判決手続と強制執行とに段階上区別されるのと照応し，民事保全も，狭義の裁判手続と執行手続とに区別される。前者は，執行の前提をなす債務名義たる仮差押命令および仮処分命令の発令，これに対する救済などの手続であり，民事保全法では「保全命令」の章（2章）に収められている。後者は，前者の手続によって発せられた債務名義の保全命令に基づく執行に関する手続であり，同法では「保全執行」の章（3章）に収められている。

005　(2)　一般の判決は，原告勝訴のそれでも債務名義にならぬものが多いのみならず，強制執行の大半が判決以外のものであるのに対し，有効な保全命令は，ほとんど例外なく債務名義となり，かつ，保全命令なくして保全執行を実施し得る場合はない。そのため，保全命令の手続と保全執行の手続との関係は，一

によるものとされていたのを，すべて任意的口頭弁論に基づく決定によるものと改め（3条），機動性を高めたこと，(b)若干の形態の仮処分命令につき，旧法ではその効力の理解に疑念が多すぎたことから，特別の規定（58条〜64条）を設けて効力の強化と明確化を図ったことにおいて著しい。

008 　　(3)　民事保全の手続は，民事保全法の下でも民事訴訟手続の一環をなすものであるから，特別の定めがある場合を除き，民事訴訟法の規定の準用に服する（7条）。もっとも，この準用に服するのは，ほとんど保全命令の手続である。保全執行については，多くが民事執行法の準用による（46条）。

009 　　(4)　民事保全法の総則規定に含まれ，保全命令および保全執行の双方の手続に通ずるものとして，担保の提供に関し4条，事件の記録の閲覧に関し5条の規定が置かれている。

010 　　(5)　民事保全法では，民事保全の手続に関する必要事項の規定の多くを最高裁判所規則（民事保全規則）に委ねている（8条）。

般の判決手続と強制執行との関係よりも一層密接であり、このことは、法が手続の迅速を図るため、保全命令を発する裁判機関が保全執行の機関たる資格を兼併することを認めている場合において、ことに顕著である。しかしそれにもかかわらず、民事保全における裁判手続と執行手続とが相互に独立であり、両者が一体をなすかのような外観を呈する場合でも、例外なく段階的に分断され、別個の手続原則に服し、混淆が許されないことは、一般の判決手続と強制執行との関係の場合と趣を異にしない（しかし、後に随所で記述するように、実務でしばしばこの当然の理に反する扱いが横行している。）。

## 3 民事保全法の制定

**(1)** 仮差押えおよび仮処分の制度は、ドイツ法を継受したもので、旧民事訴訟法においてはその第6編第4章で規定されていた。しかし、同法下における該制度は、社会事情の激動とこれに伴う民事訴訟の多様化と長期化の影響を受け、利用の度合いがとみに増加の途をたどったにもかかわらず、社会の要請に順応する作用を十分かつ正常に営んでいないとかねて指摘されていた。その原因は、多々あったが、旧制度の法条自体が少なからぬ構造的欠陥を有しており、多様の事態に即応すべく時宜に適した運用をしようとすると、しばしば法解釈上の限界が障碍となる点が最も問題とされていた。そこで、旧民事訴訟法から独立の単行法たる民事執行法（昭和54年3月30日法律4号、昭和55年10月1日施行）が制定されたのに伴い、こちらに仮差押え、仮処分の執行に関する規定が移され、仮差押命令、仮処分命令に関する裁判手続の規定が旧民事訴訟法中に残るという過渡期を経た後、新しい発想に基づく単行法の民事保全法（平成1年12月22日法律91号、平成3年1月1日施行）が制定され、仮差押え、仮処分の命令手続および執行手続の双方に関する従前の規定を吸収し、大幅な変容を加えたのである。

**(2)** 新法と旧法との相違点は、多々あるが、特に、(a)保全命令の発令手続の一部および保全命令の各種救済手続が、従前は必要的口頭弁論に基づく判決

# 第1部

# 民事保全の裁判手続（保全命令）

# 第1章 保全命令の基本構造と手続原則

## §I 基本構造

### 1 保全命令の種類と要件

(1) 保全命令の種類としては，(a)仮差押命令と(b)仮処分命令の2種があり，前者は，金銭債権の執行保全を目的とするものであるが(20条1項)，後者には，さらに (aa) 金銭債権以外の請求権の執行保全を目的とする係争物に関する仮処分命令 (23条1項) と，(bb) 係争権利関係につき当事者に生ずべき損害，危険の避止を目的とする仮の地位を定める仮処分命令 (同条2項) の2類型がある。 　101

(2) 仮差押命令と仮処分命令とは，上述のとおり異種の保全命令であるけれども，私権の暫定的保護を使命とする点では全く同一であり，準拠手続においてもおおむね共通しているか類似している。 　102

(3) 仮差押命令，係争物に関する仮処分命令および仮の地位を定める仮処分命令は，それぞれの目的に従い，発布のための要件につき民事保全法が差異を設けている。しかし，いずれにおいても，第1に，暫定的保全の対象となるべき一定の本案請求権 (「保全すべき権利または権利関係」―13条2項) が肯認されること (→202-3, 304-5, 309, 310)，第2に，この本案請求権について暫定的保全の必要性が存在すること (→204-5, 306-8, 311-14) が必要である点では共通である。保全訴訟の根幹をなすのは，申立てに掲げられた本案請求権と保全の必要性の存否の審理にほかならない。 　103

## 2　訴訟物

104　保全命令の申立てに掲げられた本案請求権自体は，保全訴訟の訴訟物であり得ない。本案請求権は，その存在の疎明が保全命令発令の前提要件をなす意味において保全訴訟の前提問題にすぎない。保全訴訟の目的は，債権者の本案請求権の保全にあるから，ここでの訴訟物は，本案請求権保全のため債務者に向けられた権利主張に求めるのが正しい（*K.Blomeyer*, S.61.; *Stein/Jonas/Grunsky*, vor §916 Rdnr. 8.）。ただし，そもそも「訴訟物」という概念は，民事訴訟法その他の実定法規に掲げられているものでなく，学説の所産にほかならず，通常の判決手続についても，近時の有力な学者は，訴訟係属，訴えの客観的併合，訴えの変更，既判力の客観的範囲のすべてに通じ請求の単複異同を決する基準として訴訟物の統一的概念を定立することは，困難であるとしてこれを放棄しているのである（*Stein/Jonas/Schumann*, ZPO 20. Aufl. Einl. Rdnr. 283.；中野・民事訴訟法の論点Ⅰ20頁以下）。保全訴訟においても事情は異ならず，ここでの訴訟物の概念をより明確化することは，多くの学者がいろいろと試みているが，要するに至難で未解決の問題である（*K. Blomeyer*, S.58ff.; *Baur*, Studien S.96ff.; *Stein/Jonas/Schumann*, a.a.O.）。そしてこれは，さして実益のある議論とは思われず，要は，重複申立ての禁止，申立ての変更，既判力の客観的範囲等の各個の問題について個別的に考察すれば足りる。

## 3　申立ての単複異同

105　(1)　保全命令の申立てに掲げられた本案請求権は，それ自体で保全訴訟の訴訟物にならぬことは，前述したが，保全命令申立ての単複異同を定める基準になることは，承認しなければならない。保全命令の申立てには本案請求権を特定して掲げることが必要で，他の本案請求権を掲げた申立ては，同一の申立てということができない。裁判所は，保全命令の申立てに掲げられた特定本案請

求権の存在を肯認した場合に限り，保全命令を発するのである。そこで保全命令には，その発令の基礎となった本案請求権を種類，数額，発生原因の明示をもって特定掲記することが求められる（→236, 352）。この特定された本案請求権が当該保全命令の効力の客観的範囲を画することになるのである。換言すれば，保全命令は，申立てに掲げられ発令の基礎となった本案請求権以外の権利を保全するものではあり得ない。

(2) 以上に述べたところに反し，わが国における一般の考え方では，保全命令は，その申立てにはっきり表示されていない債権者の権利にも効力が及ぶことがあるというのである。最高裁判所の判例（昭和26年10月18日判決・民集5巻11号600頁以下。なお，同昭和59年9月20日判決・民集38巻9号1073頁以下；同平成24年2月23日判決・民集66巻3号1163頁参照）によれば，本案の起訴命令（37条1項）に応じて提起した訴えにおける請求が，保全命令申立てに掲げられた請求と同一でなくても，両者間に請求の基礎が共通であれば，提起された訴えが保全命令の本案たる適格に欠けるものでないから，保全命令は取り消されないとされる。この判例理論は，有力な学説によっても支持されており（吉川・研究312頁以下，同・判例517頁以下；鈴木・民事保全講座Ⅰ370頁以下等），実務の大勢も，こうした本案請求権の流用を肯定する方向で運用されている。この考え方によれば，保全命令の申立てとこれに対する審理，裁判において本案請求権が何かの確定は重要な意味をもたないから，その明確な認識と表示を欠く放漫な扱いが実務で横行している。その結果，保全命令が発せられても，その効力を確知しがたい事態も生ずるし（例えば，本案が物上請求権か債権的請求権かで仮処分の効力の及ぶ主観的範囲は異なるはずである。），また，債務者は本案につき何を争えばよいのかわからず，その立場が不安定であり，保全異議や本案の起訴命令の申立てによる救済の途が事実上不当に狭くなっているなどの弊害が生じているのである（それで，有能な弁護士は，問題のある事件で保全命令を申し立てるときは，本案請求権の表示を意識的に曖昧にしておき，後日の異議手続や本案の起訴命令に備えるのだと，練達の裁判官が公言するのを聞いたことがある。奇怪な議論であるが，実務の現状ではこれをあながち妄言と断じ去ることができない。）。

*106*

しかしこの本案請求権流用肯定説は，誤りである（菊井・民訴法講座4巻1239頁以下，同・保全判例百選134頁以下；兼子・判例研究3巻4号43頁；三ケ月・民訴雑誌1号171頁以下）。民事保全は，本案訴訟に先駆する付随的，暫定的性格の制度であるから，保全命令は，裁判所がその発令に先立つ審理で肯認した本案請求権以外の権利に効力を及ぼすべきものであってはならない。そもそも「請求ノ基礎」とは，大正15年改正民事訴訟法がもっぱら訴えの変更の許容要件として創設，導入した本邦独自の概念である（同法232条1項）。これを条文に採り入れる以前のわが旧民事訴訟法の下において，同様の概念ないし訴えの変更の許容要件を，保全処分の効力が及ぶ本案請求権の範囲の認定基準に流用することを認める説はなかったはずである。これとは若干異なる基準要件で訴えの変更を認めている現行ドイツ民事訴訟法の下においても，同様ないし類似の説があることは知らない。請求の基礎が同一であることは，現行民事訴訟法の下においても訴えの変更の許容要件にすぎず（同法143条1項），訴えの変更とは，要するに従来の請求（訴訟物，本案請求権）とは同一性のない請求を掲げた新訴の提起を含む概念にほかならない。AB両請求が別個でも相互間に「請求の基礎」の同一性があれば訴えの変更が許されることから，発令前の審理で肯認されたA本案請求権に基づく保全命令が，発令前の認定を経ていない（極端な場合では成立を否定された）B請求権をも保全する効力を有するものとして維持されるというのは，論理の飛躍であり，いわれのない類推でしかない。

107　（3）　仮差押えについて，被保全権利を共通でも仮差押命令に掲げるべき執行予定目的財産（21条）を異にして別個の申立てをすることは，当然許される。両者を認容した複数の仮差押命令は，それぞれが執行の競合を招かぬ別個の効力範囲で被保全権利を認めたものであるから，この場合に申立ての同一性を認める余地はない（ただし，この点については後述（→*109*の異説がある。）。

108　（4）　前述のとおり，保全命令の申立てに掲げられた本案請求権が申立ての単複異同を定める基準になり，別異の本案請求権を掲げた保全命令申立ては，同一の申立てでなく，仮差押命令に掲げるべき執行予定目的財産が異なれば別個の仮差押命令申立てになる。しかし，数個の本案請求権や数種の執行予定目的

財産を一の保全命令申立てに掲げることは，申立ての客観的併合であって，民事訴訟法136条の準用により許される。併合の形態としては，単純，選択的または予備的のいずれもが可能であり，手続上の扱いも，通常の訴訟の場合と同じと考えてよい（佐々木＝森崎＝横田ほか・判タ1110号13頁以下は，主として裁判所の実務の観点から各種態様の併合の可否につきかなり消極的な見解を示しているが，裁判所の事務取扱いに不便だから申立人が遠慮してほしいというだけの趣旨ならともかく，理論的に併合が許されないという趣旨であれば，承服しかねる。）。

## 4　重複申立ての禁止

保全命令の申立てにより保全訴訟の係属を生じ，同一の保全命令申立てができなくなる（民訴法142条の準用。Stein/Jonas/Grunsky, §920 Rdnr.2.；吉川・基本問題217頁以下）。申立ての同一性の有無に関する判断は，前述したところによる（→105-8）。前後二回の仮差押命令申立てにおいて，(a)被保全権利の金額と執行予定目的財産が共通で被保全権利が訴訟物を異にする場合，(b)被保全権利が共通でも表示の執行予定目的財産（21条）が異なる場合，いずれも同一の申立てとはいえない（上記(b)の被保全権利共通の場合につき，最高裁平成15年1月31日決定・民集57巻1号74頁。ただし，この決定が，仮差押えの必要性を債務者の全責任財産でなく執行予定目的財産につき判断するとしている点には，賛成し難い（→205）。異説：①前掲最高裁決定の原審福岡高裁決定；②深見＝今井ほか・判時1783号7頁以下は，後行の仮差押命令申立てが，一事不再理の原則に反し（①②），また，債権者に本執行で二重の満足を与え（②），債務者に過当の解放金負担を強いるもので（②），許されぬとする。しかし，前後二回の仮差押命令申立てにおいて表示の執行目的予定財産が異なれば，申立てが同一とはいえないし，二重の満足云々の議論は不可解であり，解放金の過大云々は，この点を保全異議の手続で争えることを忘れた謬論である。なお，佐々木＝森崎・判タ1104号4頁以下は，上記の異説が誤りであるとするが，その立論には，仮差押命令と執行命令とが現行法下では不可分一体で発せられるとの俗説（→236）を援用し，仮差押えの必要性をもっぱら申立てに表示の執行目的財産につき判断すべきもの

109

とするなど，賛成しかねる点が多い。)。

また前後二回の仮処分命令申立てにおいて，求める仮処分の方法(24条)が共通でも本案請求権が訴訟物を異にしておれば，同一の申立てとはいえない。

### 5　申立ての変更

110　保全命令の申立ての後，債権者は，これを本案の訴えに移行させる途はないが，保全訴訟の内部では，仮差押命令申立てから仮処分命令申立てに，またはその逆に移行させることを妨げない(Stein/Jonas/Grunsky, vor §916 Rdnr. 54.)。また，民事訴訟法143条の準用により，本案請求権につき「請求の基礎」に変更がない限り，申立ての内容をなす本案請求権または保全の必要性を追加的または交換的に変更することが許される(Stein/Jonas/Grunsky, §920 Rdnr. 3a. なお，保全異議の申立てに基づく手続中の保全命令申立ての変更につき→*418*)。

### 6　既判力

111　(1)　保全命令の申立てに対してなされた裁判は，形式的に確定しても，本案の訴訟物については既判力が否定される。ただし，申立てを理由なしとして棄却した決定は，後行の保全命令申立事件との関係では既判力を肯定するのが正しい(*K. Blomeyer*, S.61.; *Baur*, Studien S.96ff.; *Stein/Jonas/Grunsky*, vor §916 Rdnr.14.; 吉川・基本問題59頁以下；中田・訴と判決の法理171頁以下)。したがって，後行の保全命令申立ては，前の事件と同一の本案請求権と保全の必要性を掲げる限り認容されないのが原則である。ただし，既判力の時的限界に関する一般論に従い，棄却決定後に本案請求権または保全の必要性の肯定に繋がる新しい事実が発生したならば，これを援用することにより申立てを反覆することは，許される。しかし，後行の申立事件において，債権者が先行の棄却決定の前から存在していたが主張していなかった事実を新規に主張した場合，またはあらたな疎明方法を提出しただけの場合については，説が分かれている。この場合も，既

判力に関する一般論を厳格に適用し，申立ての反覆が許されぬとする見解もあるが (*K. Blomeyer*, a.a.O.)，通説は，保全命令の手続には迅速性の要請という特別の事情があるという理由を掲げ，先行の棄却決定に抵触する決定も許される場合があると解している (*Baur*, Studien S.91ff.; *Stein/Jonas/Grunsky*, vor §916 Rdnr.14, 19.)。はなはだ疑問であるが，通説に従う。

(2) 保全命令の申立てを認容した裁判も，本案の訴訟物については既判力を否定されるが，制限された範囲で既判力を伴う。すなわち，債権者の同一反覆申立ては，不適法として却下すべきであり，債務者も，保全異議を申し立てるのでなければ，保全命令前または保全異議の審理終結 (31条) 前に存した事情に基づいて保全命令の取消しを求めることはできない (38条1項参照)。

## §Ⅱ　手続原則

保全命令の手続に関しては，民事訴訟法に特別の定めがある場合を除き，民事訴訟法と民事訴訟規則の規定が準用される (7条，8条，規6条)。

以下に若干の重要な基本原則を摘記する。

### 1　処分権主義

保全訴訟も私権保護が目的の手続であって，通常訴訟と同様に処分権主義を基本とする。細説すると，次のとおりである。

#### a　取下げ

保全命令の申立て，保全異議の申立て，各種保全取消しの申立てにつき，その取下げは，いずれも民事保全法の関係条文で寛容に認められている (18条，35条，40条1項。→213, 406, 449, 463, 475)。

#### b　申立ての認諾，放棄

保全訴訟の手続において，本案の請求につき認諾，放棄をすることは認めら

れない。しかし，認諾，放棄が本案の帰趨に影響を及ぼさぬ保全命令の申立てについてなされるのであれば，これを禁ずる理由はなく，保全訴訟の領域内において相応の効力を肯認すべきである。

**c 和解**

117 認諾，放棄とは異なり，保全訴訟の手続においても本案について訴訟上の和解をすることは，許される。元来訴訟上の和解は，本案訴訟の係属を前提要件としていないからである（民訴法275条参照。吉川・諸問題133頁以下；*Stein/Jonas/Grunsky*, vor §916 Rdnr. 25.）。本案請求権の存否には触れることなく，保全命令の内容をなすべき暫定的保全措置について合意し，保全訴訟だけを終了させる訴訟上の和解も，許される。

## 2 任意的口頭弁論，決定

118 保全訴訟における裁判は，すべて口頭弁論を経ないですることができる（3条—任意的口頭弁論。旧法が保全命令申立てに対する手続につき裁量ないし原則的に，各種救済手続につき全面的に必要的口頭弁論に基づくものとしていたのを改めたものである。）。口頭弁論を命ずるかどうかは，裁判所の裁量事項である（民訴法87条1項但）。口頭弁論を命じないときは裁判所が当事者の一方または双方を審尋することができる（同法条2項）。ここでの審尋は，当事者に無方式で主張を開陳する機会を与えることを意味し，証拠調べの性質を有せず，民訴法187条の審尋とは別の観念である。審尋調書の作成は，任意的である（規8条1項）。ただしこのことは，審尋期日における裁判所書記官の立会い（民訴規78条，66条参照）を不要とする趣旨ではないと解する（ただし，実務ではその立会いがない場合が多いようである。）。裁判所は，争いに係る事実関係に関し当事者の主張を明瞭にさせる必要があるときは，口頭弁論または審尋の期日において，当事者のほか当事者のため事務を処理しまたは補助する者で裁判所が相当と認める者に陳述をさせることができる（9条）。これは，民訴法149条の釈明処分の特例規定であって，当事者外の者の陳述を係争事実に関する心証形成に直接利用すること

を想定したものではない。

　保全訴訟における裁判は，上述のとおり任意的口頭弁論によるものであるから，すべて決定をもってなされる。

## 3　当事者

　民事保全法において，保全命令を申し立てる積極的当事者は「債権者」と，相手方当事者は「債務者」といわれる。

119

# 第2章 仮差押命令

## §1 要件

201　20条1項により、仮差命令は、金銭の支払いを目的とする債権（保全すべき権利―被保全権利）について、強制執行をすることができなくなるおそれがあるとき、または強制執行をするのに著しい困難を生ずるおそれがあるとき（保全の必要性―仮差押えの理由）に発することができる。

### 1　被保全権利

仮差押えの被保全権利は、金銭債権に限られる。

202　**(1)** 金銭債権は、条件付または期限付であってもよい（20条2項）。将来の債権もこれに準ずる。ただし、いずれも当該債権が成立するための基礎が既に存在しており、37条により債権者が起訴命令を受けたときは、直ちにこれに対応して本案の訴えを提起することが可能でなければならない（MünchKomm-*Heinze*, §916 Rdnr.12.）。保証人の主債務者に対する将来の求償権（民法459条）は、この要件を具備した適例である。ドイツにおいては、配偶者に対する離婚後の扶養料請求権や幼児の親に対する成年に達するまでの扶養料請求権について、仮差押えの被保全権利として認められるどうかが論議の対象となっており、積極説が有力である（*Stein/Jonas/Grunsky*, §916 Rdnr.11.）。わが国においても、親族間の扶養請求権や婚姻取消しの場合の財産分与請求権に基づく仮差押えの許容が問題とされ、積極説が学説と実務の大勢のようである（→319-21）。しか

し，これには賛成することができない。わが法制下にあっては，これらの請求権の具体的内容は，協議または本質上の非訟事件の裁判（家事審判または人事訴訟法32条の裁判）によってはじめて形成されるのである。その前の未だ具体的内容の形成を見ない段階での請求権は，これを訴訟物として理由のある本案の訴えを提起することができないはずであるから，仮差押えの被保全資格を欠くものと解するのが正しい（これらの請求権の保全のためには，家事事件手続法105条以下の制度がある。なお，非訟事件の本案適格一般については，→320-2）。条件成就や期限到来がほとんど期待し得ないため財産的価値が否定される債権は，被保全資格がない（兼子・執行法302頁。ドイツ民訴法916条2項参照）。商品引渡前の売買代金債権のような同時履行の抗弁権の附着した債権も，仮差押えの被保全権利となる。

(2) 被保全権利は，民事執行法上の金銭執行の基本となり得る債権に限られる。租税債権等の行政権による自力の強制徴収が認められている債権は，民事執行に親しまない（最高裁昭和41年2月23日大法廷判決・民集20巻2号320頁）から，これに基づく仮差押えは認められない。しかし，そうでない公法上の金銭債権（即時執行可能の債務名義を伴なう罰金，科料，没収，過料等を除く。）は，これに基づいて財産権の主体たる国，行政庁，公共団体が債務名義を得て民事執行を求めることができる（中野・民執法111頁）から，仮差押えの被保全権利とすることが認められる。不執行の特約のある債権や破産法上の免責を得た債権は，被保全資格が認められない。本案につき仲裁契約や外国裁判所への専属的管轄合意があっても，日本の裁判所に仮差押命令を申し立てることは許される（*Stein/ Jonas/Grunsky*, §919 Rdnr.2. →209；兼子・執行法303頁）。

## 2 保全の必要性（仮差押えの理由）

(1) 仮差押えの理由は，被保全権利たる金銭債権にかかる強制執行が不能または著しく困難になるおそれがあるときに生ずる。債務者の責任財産の滅失，量的もしくは質的価値の低下または換価の困難化のおそれがそれである。その

原因の大部分は，債務者の行為であって，毀損，濫費，隠匿，放棄，廉売等を典型例とするが，債務者の逃亡や反覆転居もこれに当たることがある。以上のような事情が債務者の悪意に基づくことは，要件でない。第三者の行為や自然災害が原因となることもあり得る。旧民事訴訟法738条（ドイツ民訴法917条2項1文も同じ。）は，「外国ニ於テ判決ノ執行ヲ為スニ至ル可キトキ」を当然の仮差押理由としていたが，この規定が廃止された後も，多くの事案において同じ事由が仮差押えの理由を構成するであろう。

(2) 債務者が内国に十分の執行可能の資産を有しているときは，仮差押えの理由が認められない。仮差押命令の申立ては，21条により特定の物についてなされるが，仮差押理由の存否は，原則として債務者の全責任財産を基準に，債務者の有限責任が認められる場合に限りその責任財産を基準に判断すべきである（ただし，最高裁平成15年1月31日決定・民集57巻1号74頁；佐々木＝森崎・判タ1104号8頁をはじめとし，仮差押理由を21条による特定の物につき判断するものとの誤解が蔓延しているようである。）。例えば，債務者が特定の所有不動産を売却するおそれがあっても，他に豊富な財産を保有しておれば，その不動産に対する仮差押の理由が否定される。ある本案の執行債権につき債務者の責任財産の中からどの財産を執行目的に選択するかは，本来債権者の専権に属する事柄であるから，裁判所が仮差押命令の申立てに表示された予定執行目的財産の選択に干渉し，仮差押えの理由の存否を云々することは許されない。執行目的財産の選択の当否は，仮差押命令申立ての段階でなく，もっぱら執行手続の段階で審査すべき事項であり（→226-7），それも，よほどの事情がない限り債権者の選択につき権利の濫用などと云々すべきでない。実務では，動産や債権の仮差押えよりも不動産の仮差押えの方が債務者に対する打撃が少ないからというので，債務者の財産中に然るべき不動産があれば，動産や債権に対する仮差押命令については保全の必要性の点で問題があるとし，発令を控える傾向があり，時に債権者に対して不動産の仮差押命令申立てへの切替えを求めることもあるらしいが，誤った扱いである。不動産を含め，債務者の財産が全体として豊富である場合は，むしろ前述のとおり，動産や債権の仮差押えだけでなく，不動産に対

第1部　民事保全の裁判手続（保全命令）

## §Ⅱ　申立手続

### 1　管　轄

208　仮差押命令事件を管轄する裁判所（仮差押裁判所）は，12条により，債権者の選択に従い本案の管轄裁判所または仮差押えの執行の対象となるべき物の所在地を管轄する地方裁判所であり，いずれも6条により専属管轄である。

#### a　本案の管轄裁判所（12条1, 2項）

209　本案とは，仮差押えによって保全すべき権利（被保全権利）の存否につき既判力を伴う終局的確定の裁判の手続（多くは判決手続）をいい，これを管轄する裁判所が，仮差押命令事件も管轄するのである。本案が仲裁手続によるべき場合は，仲裁契約がなければ本案を管轄するはずの裁判所がこれに当たる。本案と仮差押えとの間で当事者の役割が逆でも問題はないから，債務不存在確認訴訟の被告が仮差押えを申し立てる関係に立つこともある。本案訴訟未係属の時点では，債権者から提起すべき訴えにつき事物管轄および土地管轄を有する第一審裁判所が管轄裁判所である。本案訴訟が第一審に係属中はその第一審裁判所が管轄権を有し，控訴審に係属中（異説はあるが，控訴の提起後，訴訟記録が未だ原審に存する時点を含むものと解する。）は控訴裁判所が管轄権を有する。上告審に係属が移ると（異説はあるが，上告の提起または上告受理の申立て後，訴訟記録が未だ控訴審に存する時点も，上告審係属中と認めるのが正しい。），第一審裁判所に管轄権が復帰する。本案訴訟が訴えの取下げ（この場合は訴訟係属が遡って消滅する。）以外の事由で終了すれば，かつて係属していた第一審裁判所が管轄裁判所となる。仮差押命令申立ての時点で本案訴訟が係属しておれば，その裁判所が本案につき無管轄でも仮差押えについては管轄権を有し，その後管轄違いの理由で移送決定が確定しても，通説によれば，一旦仮差押えについて生じた管轄は失われず，既に発

する仮差押えについても保全の必要性を否定する方が正しい。仮差押えは、債権者が債務者の責任財産から満足を得る可能性を積極的に増大させることを目的とする制度ではないから、債務者が現に無資力であっても、多数債権者の競合が見られても、破産原因や民事再生手続開始原因が存在しても、それだけでは当然に仮差押えの理由があるとはいえない（兼子・執行法303頁）。

(3) 被保全債権につき質権や抵当権の十分な物的担保が附着しておれば、仮差押えの理由がない。保証人や連帯債務者の存在といった人的担保がある場合については説が分かれているが、物的担保附着の場合と同様であると解する。債権者が即時執行可能の担保を条件としない債務名義を有していたり、既に別途の仮差押手続で執行保全の目的が遂げているときも、仮差押えの理由がない。

206

(4) 仮差押えの理由は、権利保護の必要の特殊形態にほかならず、訴訟要件に属するから、その欠缺のときは、仮差押命令申立てを理由なしとして棄却するのでなく、不適法として却下すべきであるとする見解がかなり有力である（*Rosenberg*, Lehrbuch §211Ⅳ2.; *Jauernig*, ZwV u. Ins §35 I 2.; MünchKomm-*Heinze*, §917 Rdnr.1.）。しかし、保全訴訟においては、他の手続の場合には申立ての適法要件として問題となる権利保護の必要を独立に論ずる実益がなく、権利保護の必要の有無の問題は、仮差押えの理由のそれに置き換えることができる。そして、仮差押えの理由は、被保全権利と並んで仮差押えの実体的要件を構成するものであるから、その欠缺のときは、申立てを理由がないものとして棄却するのが正しい（*Gaul/Schilken/Becker-Eberhard*, §75 Rdnr.5ff.; *Baur*, Studien S.77.; *Stein/Jonas/Grunsky*, vor §916 Rdnr.20, §917 Rdnr.2.; *Schusche/Walker*, vor §916 Rdnr.27, §917 Rdnr.1. なお、西山・概論46頁以下、瀬木・民保法141頁は、権利保護の必要と仮処分の理由とを峻別すべきであるというが、その所説において両者の具体的振り分けは、かなり判断基準が曖昧で、恣意的のように思われる。また、権利保護の必要を欠く場合には保全命令申立てを不適法として却下すべきものとする趣旨かと推測されるが、この点については、はっきりと言及されていない。）。申立却下説によれば、被保全権利が（例えば有理性の欠如などにより）認められないことが自明のときでも、仮差押の理由の存否につき無意味で時に困難も伴う審理を遂げねばならなくなるから、実際上も妥当でない。

207

せられた仮差押命令に異議事由が生じない。しかし，仮差押命令の申立て後発令前に本案訴訟の移送決定が確定すれば，仮差押えの管轄も随伴移転するものと解する (*Stein/Jonas/Grunsky*, §919 Rdnr.5.; *MünchKomm-Heinze*, §919 Rdnr.6.)。債権者がわざと無管轄の裁判所に本案訴訟を提起し，移送決定の確定に先立ち同じ裁判所に仮差押命令を申し立てるのは，いわゆる「管轄の盗取」であって，信義則上その裁判所の仮差押管轄を否定すべきであろう。

**b 執行目的財産所在地の地方裁判所** (12条1,3~5項)

仮差押えの執行の目的となるべき財産 (法は，「仮に差し押さえるべき物」といっているが，„der mit Arrest zu belegende Gegenstand" の訳語としては適切でない。仮差押執行も，換価に進まぬだけで，「仮の」差押えではないはずである。) の所在地を管轄する地方裁判所は，本案の裁判所と競合して仮差押命令事件につき管轄権を有する。有体物以外の財産については，その所在地が自明でないから，12条3項ないし5項で認識方法が法定されている。目的財産は，仮差押命令申立ての時点で当該地方裁判所の管轄区域内に所在すれば足り，その後の移動は，管轄否定の原因とならない (民訴法15条参照)。この裁判所への仮差押命令申立てにおいては，仮差押命令に表示されるべき対象財産 (21条) の中から管轄原因となる少なくとも一個の執行目的財産とその所在地を明示することが必要である (→215)。ただし，この裁判所の発する仮差押命令にその管轄区域外の対象財産も表示することは妨げないし，これに対しても仮差押命令の執行力が及ぶものと解すべきである (*Stein/Jonas/Grunsky*, §919 Rdnr.13.; 兼子・執行法305頁)。この点については反対説もあるが (*Gaul/Schilken/Becker-Eberhhard*, §77 Rdnr.20.; *Stern*, Arrest und einstweilige Verfügungen S.59.; 山崎・解説252頁; 原井＝河合編・民事保全法 (新訂版) [栗原] 44頁)，根拠に乏しい。また反対説は，複数の対象物件に対する仮差押えを企図する債権者に不便で，実際的でなく，ことに一個の目的財産が複数地方裁判所の管轄区域にまたがって存在する場合の解決に窮するであろう (栃木県足利市と群馬県太田市とは隣接し，境界は，地形や街並みから明認し難く，建物の内部を貫いているところもあるという。)。

210

### c 裁判長

211　裁判所が合議体の構成の場合は，急迫の事情があるときに限り，裁判長が仮差押命令を発することができる（15条）。

## 2 申立て

### a 概説

212　(1)　仮差押命令には申立てが必要であり（2条1項），かつそれは，書面でしなければならない（規1条1号）。申立手数料の納付を要する（民訴費別表第1，11の2ロ）。

213　(2)　申立ての取下げには，保全異議または保全取消しの申立てがあった後においても，債務者の同意を要しない（18条。民訴法261条2項の準用否定）。取下げにより申立てによって生じた効果（219-20）はなくなり（民訴法262条1項の準用），既往の仮差押命令は失効する。その場合も，再度の同一内容の申立ては許されるものと解する（同条2項の準用否定）。

### b 申立書の記載内容

214　(1)　当事者（および法定代理人）の表示（規13条1項1号）

215　(2)　申立ての趣旨の表示（13条1項，規13条1項2号）

　これは，訴状に記載される請求の趣旨に対応するもので，特定の被保全権利につき，債務者の財産のうち21条に従い動産以外の特定の物または動産に限定された執行予定目的物に対する仮差押命令を求める旨の表示である。その目的物の記載方法は，規則19条による。なお，前述（→210）のとおり執行目的財産所在地の地方裁判所への仮差押命令申立てにおいては，管轄原因となる少なくとも一個の執行目的財産とその所在地を明示する必要がある。

216　(3)　被保全権利の表示（13条1項）

　申立書には，被保全権利の表示として，金額を明示するほか，権利の発生を根拠付ける具体的事由を記載し，かつ，立証を要する事由ごとに証拠を記載しなければならない（規13条1項2号，2項）。

(4)　保全の必要性（仮差押えの理由）の表示（13条1項）

　申立書にはその事由を具体的に表示し，かつ，立証を要する事由ごとに証拠を記載しなければならない（規13条1項2号，2項）。

(5)　申立書には規則20条所定の書面の添付を要する（ただし規則同条各号が，ここで目的物の種類ごとに執行を予定した書類の添付を要求しているのはおかしい。戸根・判タ859号18頁以下，訴訟と非訟221頁以下。法21条は，仮差押えの裁判手続の規定で，同条により「特定の物」について仮差押命令を発するのは，当該仮差押命令の執行力の及ぶ範囲の限定表示にすぎず，「特定の物」に対する仮差押えの執行の規定ではないからである。当該「特定の物」に対する仮差押執行の許されぬことが事前にわかっていても，これに対する仮差押命令の申立て自体を排斥する理由にはなるまい。）。

#### c　申立ての効力

(1)　申立てにより仮差押命令事件の係属を生じ，同一の仮差押命令申立てができなくなる（民訴法142条の準用）。

(2)　わが国の近時の通説は，後述の伝統的見解を排し，保全命令の申立てにより本案請求権の消滅時効が中断すると解しているけれども（吉川・基本問題239頁以下を代表的文献とし，我妻・民法総則468頁；兼子・強制執行306頁；西山・概論68頁；丹野・民実実務36頁；竹下＝藤田・体系書145頁［北山］等），誤りである。民法147条1号の「請求」とは，本案訴訟の提起またはこれに準ずる既判力に繋がる申立てを意味し，同条2号の「仮差押えまたは仮処分」とは，「差押え」に併記され，もっぱら保全執行を想定した文言と解しなければならない（通説を代表する吉川・前掲論文は，保全命令と保全執行との手続密接一体性に自説の根拠を求め，民法154条を援用している。しかし，法規の上で民事保全の裁判手続と執行手続とが段階的に区別されている以上，執行段階の手続にはじめて時効中断事由を認めるのが背理とはいえまい。また，民法154条は，吉川説とは違い，民事保全の手続全体を観察した規定ではなく，もっぱら執行段階の事由に基づく時効中断を予定した規定であることは，同条立案の基盤となったと思われるドイツ民法旧216条の規定文言（同法新212条2項，3項もほぼ同旨）に照らし疑いを容れない。すなわちこれらの法条は，いずれも執行行為の実施による中断（Die Unterbrechung durch Vornahme einer Vollstreckungshandlung）および強制執行の申立てによる中断（Die

Unterbrechung durch Stellung des Antrags auf Zwangsvollstreckung) に限定して、その遡及的執行の場合を示した規定にほかならない。)。それ故、本案請求権につき既判力も伴わぬ保全命令の申立てには、これを認める格別の明文規定もない以上、時効中断効を否定すべきものである（BGH, NJW 1979 217.; *Oertmann*, Kommentar zum BGB, Allgemeiner Teil § Ⅱ09 Bem.2 S.635.; *Staudinger/Dilcher*, BGB 12.Aufl. § Ⅱ09 Rdnr.39.; MünchKomm BGB- *Feldmann*, § Ⅱ09 Rdnr.22.; *Palandt/Heinrichs*, BGB 59.Aufl. § Ⅱ09 Rdnr.21.; 鳩山・法律行為乃至時効640頁；同・日本民法総論609頁；松岡・保全訴訟要論110頁；戸根・訴訟と非訟249頁以下。ただし、保全命令の申立てが債権者の権利行使の一種であることは否定し得ないから、2001年11月26日改正後のドイツ民法204条1項9号では、保全命令の申立ての送達、その送達がないときは一定の期間的制限の下に保全命令の送達にも時効阻止の効力が認められている。)。

### 3　審　理

#### a　任意的口頭弁論、審尋

221　申立てに対する審理の手続は、前述のとおり（→118）すべて任意的口頭弁論（審尋を含む。）である（3条）。

手続過程での主張書面の提出の方法等と主張書面等の直送は、規則の定めによる（規14条、15条）。

#### b　疎　明

222　(1)　仮差押命令申立事件において、被保全権利および保全の必要性に関する係争事実の認定は、手続の簡易迅速性を図る趣旨から疎明による（13条2項）。疎明とは、心証の程度において証明に至らぬ確からしさを意味する。裁判所は、事案が重大または微妙であっても、ここで証明を求めてはならない。被保全権利が疎明されたときは、保全の必要性の疎明は、さらに低い心証度で足りる（通説）。疎明は、即時に取り調べることができる証拠によってしなければならない（7条、民訴法188条）。人証の代用として第三者または当事者が経験事実を記載した文書を提出してもよい（最高裁昭和24年2月1日判決・民集3巻2号21

頁)。証人の尋問は在廷証人に限られるが、その期日に尋問が終わらなければ、その場で出頭を命じた続行期日に尋問を続けることを妨げない。証拠方法と取調べの方法は、厳格に民事訴訟法所定の種類と手続によるべきである。ただしこれに対する唯一の例外として、同法187条の審尋(同法87条2項の審尋とは別の概念)による事実認定が認められる。

(2)　保全命令申立事件においては、申立人が通常事件ならば相手方が立証責任を負う事実の不存在も疎明しなければならないと解する説が有力である(*Baumbach/ Lauterbach/Hartmann*, §920 Rdnr.8.)。しかし、相手方にも裁判前に口頭弁論または審尋で防御の機会がある事案においては、この見解は妥当でなく、立証責任の分配については本案訴訟におけると同一の原則によるべきである。たしかに、相手方に防御の機会がなかったときでも申立人の申述から相手方において主張し得べき抗弁事実等が想定されるときは、申立人においてその事実の不存在をも疎明すべきであるが、そうした場合は、大概ある手続段階で口頭弁論を命ずるか相手方を審尋するのが相当であるから、本案訴訟と同一の立証責任分配の原則に帰着することになる(*Stein/Jonas/Grunsky*, §920 Rdnr.10, 11.)。

(3)　訴訟要件、ことに管轄原因に関する事実の認定は、13条2項の直接規定するところでないが、簡易迅速性を求める同一の趣旨から証明でなく疎明によるべきである。裁判所に顕著でない外国法規、慣習法の内容の認定も、疎明による。

## 4　裁　判

### a　決　定

保全命令の申立てに対する裁判は、口頭弁論を経た場合でも常に決定をもってする(3条)。裁判所が合議体の構成の場合は、急迫の事情があるときに限り、裁判長が仮差押命令を発することができるが(15条)、この裁判も、本来は合議裁判所の権限事項に属するから、その性質は、命令ではなくて決定である。決定には、理由を付することが必要であるが、口頭弁論を経ていない場合

には理由の要旨を示せば足りる（16条）。

   b　移送，却下，棄却

226　(1)　申立てが管轄違いであれば，移送決定をし（7条，民訴法16条），その他の訴訟要件欠缺の場合は，申立てを不適法として却下する。訴訟要件の欠缺を認めぬときは，申立てに掲げられた被保全権利と保全の必要性に当たり，この両方，特に前者について法律上の筋が通り有理性を具えているかどうかの審査（Schlüssigkeitsprüfung）を遂げ，さらに被保全権利と保全の必要性が疎明されているかどうかの審査に進むことになる。21条によって仮差押命令とその申立てに表示することが求められている「特定の物」の選択は，債権者の自由であり，裁判所がとやかく干渉すべきものでない。特定の物が債務者に属するかどうか，差押禁止に抵触しないかどうか，特定の物の選択が当を得ているかどうかなどの問題は，もっぱら執行手続の段階で審査の対象とすべき事項である。これを仮差押命令手続の段階で調査し，当該特定の物に対する仮差押執行が許されぬと判断されたとき，仮差押命令の申立てを容れてはならぬとするのは，誤りである（最高裁昭和32年1月31日判決・民集11巻1号188頁以下参照。この判例は，旧法時のものであるが，民事保全法の下でも全面的に通用する理論を適切に説示している。戸根・判タ859号14頁以下，訴訟と非訟207頁以下。ただし，この点を誤解し，本文記載の場合には仮差押命令の申立てを認容すべきでないと説いている文献が甚だ多い（→236）。また，最高裁平成23年2月9日決定・民集65巻2号665頁は，債権者が権利能力のない社団に対する被保全権利に基づき第三者を所有名義人とする不動産の仮差押命令を申し立てた案件において，その不動産が当該社団の構成員全員に総有的に帰属し同社団のために第三者を登記名義人としていることが申立添付書面（民事保全規則20条1号イ）で証明されたときは，仮差押命令の申立てが認容されると説示している。この決定も，多くの評者は問題の所在を看過しているが，やはり21条の理解に関する俗説に引きずられ，仮差押えの裁判手続の問題に異質の執行手続に関する判断を故なく混在させたものと評すべきである。戸根・民事裁判における適正手続131頁以下）。

227　(2)　被保全権利または保全の必要性について，有理性を欠きまたは疎明が十分でないと認める場合は，申立てを理由なしとして棄却する（ただし，19条の規

定と実務の扱いでは，この場合も「却下」という表現を用いており，不適法却下との区別が曖昧になっている。なお，保全の必要性を否定する場合につき，→204-7)。却下決定と棄却決定に対しては，債権者が告知（民訴法119条）を受けた日から2週間の不変期間内に即時抗告をすることができ，これに対し抗告裁判所が理由を付した決定で裁判をするが，即時抗告を斥けた決定に対する再抗告はできない(19条)。申立却下または棄却決定と即時抗告却下または棄却決定は，原則として債務者に告知しなくてもよい（規16条）。

### c 仮差押命令の発令

(1) 申立てが適法で理由があると認めるときは，申立ての範囲内で決定をもって仮差押命令を発する。被保全権利が複数のため申立てが客観的併合になり，その中に認容し難いものがあれば，選択的併合または予備的併合の場合で判断を省略し得る申立てを除き，その却下または棄却を決定主文中に明記しなければならない（これは，通常の訴訟における訴えの客観的併合の場合と同じ考え方によるものであるが，保全訴訟の実務で励行されているかどうかは，疑わしい。却下または棄却決定の煩を避けるため，債権者にその部分の申立ての取下げや主張の撤回を（時として強く）求める扱いもあるが（佐々木＝森崎＝横田ほか・判タ1110号13頁以下参照），少なくとも理論上の根拠は，認めることができない。）。仮差押命令は，裁判所が発令の基礎として認定，表示した被保全権利にしか効力を及ぼさないからである（→105-6)。 228

(2) 14条1項により，保全命令は，(a)債権者に事前に担保を立てさせて（この担保を立てさせる決定は，債務者に告知することを要しない（規16条2項)。），もしくは(b)相当と認める一定の期間内に担保を立てることを執行の条件として，または(c)担保を立てさせないで発することができる。実務ではおおむね(a)の方式によっているが，その理由はあまり明らかでない。債権者が供与を命ぜられた担保を速やかに立てないため，その間の情勢変動等で裁判所の考え方が変わることもあり，また，保全命令を得た債権者に執行申立てをするかどうかの熟慮期間を与えるのが相当の場合もあるから，(b)の方式をもっと利用すべきである（この場合は，仮差押命令とその執行とが必ず別個になされるわけで，21条が特 229

定の物に対する仮差押命令と執行との不可分一体性を規定したものという説（→236）が全く成り立たぬことを示している。）。担保を立てる方法，場所は，4条，14条2項による。担保物からは，仮差押えが不当であったときに，債務者が自己の被る損害の賠償請求権につき他の債権者に先立ち弁済を受ける権利を有することになる（4条2項，民訴法77条）。担保の額は，必ずしも予想される債務者の損害額の最大限である必要はなく，裁判所が具体的案件に適合するよう当事者双方の利害を衡量して定めるが，上記の制度目的に照らし十分なものでなければならない。そのためには，被保全権利の額と債務者の有限責任や21条の関係で限定される仮差押執行予定目的財産の概算評価額とを比較し，その低い方の額を基準とすべきである。債権者の資力が十分でないときには，担保額を低く設定するのが一般の実務であるけれども，その合理性は疑わしい。債権者が資力不足であれば，むしろ担保を高額に設定する方が妥当ともいえるからである。また，債権者が本案で勝訴する確率が高いと思われる場合にも担保額を低く設定するのが一般の実務であるが，これもおかしい。担保が現実に問題となるのは，債権者の本案敗訴またはこれに準ずべき場合に限られており，その段階に至って，本案の帰結に関する裁判所の見透しが甘かったことには然るべき理由があったと弁解しても，はじまらないからである。

230　　(3)　仮差押命令は，「相当な方法」での告知では足りず，当事者に送達する必要がある（17条—民訴法119条の原則に対する特則）。

### d　仮差押命令の方式，内容

231　　仮差押命令は，決定書を作成してすることを要し，これに裁判官が記名押印しなければならない（規9条）。もっとも，これには調書によって代えてもよい場合の特則もある（規10条）。決定書の記載事項は，次のとおりである。

232　　(1)　事件の表示（規9条2項1号）

233　　(2)　当事者の氏名または名称および代理人の氏名（規9条2項2号）

234　　(3)　当事者の住所（規9条2項3号）

235　　(4)　債権者に担保を立てさせるときは，担保額および担保提供方法を記載する（規9条2項4号，前述→c(2)）。実務では励行されていないが，仮差押命令前に担保

を立てさせているときは，供託所と供託番号も記載することが望ましい）。

**(5) 仮差押許容の宣言（規9条2項5号の主文1）**　　　　　　　　　　　236

これは，一定の被保全権利につき債務者の財産の仮差押を許す旨の宣言であって，仮差押執行の債務名義たる仮差押命令の根幹部分をなす。被保全権利は，申立てに掲げられた範囲内で発生原因および金額（Grund und Betrag）を特定して表示することを要する（下記の解放金額は，附帯請求と費用の額を含むから，これからは被保全権利の金額を推認することができない。）。この特定記載を欠いた仮差押命令は，無効である。

仮差押執行は，基本的に債務者の全財産に対して可能であるが，被保全権利につき相続の限定承認等で債務者の有限責任が認められるときは，その責任財産に対してのみ仮差押えを命ずべきである。これと方向を同じくし，民事保全法は，21条という特異な規定を新設し，有限責任の場合でなくとも，「仮差押命令は，特定の物について発しなければならない。ただし，動産の仮差押命令は，目的物を特定しないで発することができる。」としているから，これに従わなければならない。もっとも同条は，第2章第2節「保全命令」の項に収められた純然たる仮差押えの裁判手続に関する規定であり，保全執行の債務名義をなす仮差押命令には，その執行力が及ぶ債務者の目的財産の範囲を限定表示せよという趣旨にすぎない。この仮差押命令に基づく表示された目的財産に対する仮差押執行は，仮差押命令申立てとは別個の執行申立て（2条2項）によりなされるのであって，仮差押命令とその執行との間には常に截然とした段階的区別が存在する（ただし実務家の間では，東京高裁平成3年11月18日決定・判時1443号63頁以下；園尾・民事保全法の理論と実務（上）235頁以下；瀬木・民保法133頁以下；丹野・新実務民訴講座（14）83頁，95頁をはじめとし，21条が仮差押命令と執行処分とを不可分一体として発することを意味した規定であるとの誤解が蔓延している。これに対する批判：戸根・判タ859号14頁以下，訴訟と非訟207頁以下）。それ故，同条に基づく仮差押許容の宣言は，「……の不動産（または，《……の船舶》，《……の債権》，《債務者所有の動産》）に対する仮差押えを命ずる」といった表現をとるべきであり，実務で積年慣行の「……を仮に差し押さえる」という表現は，執行処

分と紛らわしく，不明瞭かつ不合理である（債権を「仮に差し押さえる」というのは，執行処分たる差押命令との不条理な合体であり，不動産を「仮に差し押さえる」というのは，純然たる仮差押命令だけなのか（本来無用の）執行処分たる差押宣言も附加したものなのか，必ずしも判然とせず，動産を「仮に差し押さえる」というのは，純然たる仮差押命令の趣旨に読むべきであるが，あたかも裁判所が執行官の執行行為を僭奪しているかのような印象を読む者に与えかねない。要するに，実務は，「仮に差し押さえる」という奇怪な文言を合理的な理由なく多義的に用いているのである。）。

237　**(6) 仮差押解放金**（主文2）

22条1項により，仮差押命令においては，仮差押執行の開始前であればこれを阻止し得るため（法文に「仮差押えの執行の停止を得るため」とあるのは，曖昧な表現で，本文記載の意味に理解すべきである。仮差押執行の開始後ではその「停止」の意味はない。），開始後であれば既往の仮差押執行処分の取消しを得るために債務者が供託すべき金額を定めて表示しなければならない（22条1項）。供託は，仮差押命令を発した裁判所または保全執行裁判所の所在地を管轄する地方裁判所の管轄区域内の供託所にする（同条2項）。解放金額は，裁判所が定めるが，原則として，利息等の附帯金および仮差押執行費用の各概算額を含めた保全すべき権利の全額を計上すべきである。もっともわが国の実務では，仮差押命令の申立てにおいて被保全権利に元本債権しか掲げないのが一般であるから，この元本額に解放金額を一致させれば足りる。ただし，被保全権利につき債務者の有限責任が認められ，責任財産の額が上記の原則的基準額を下回るときには，責任財産の額によるべきである。21条の関係で，仮差押命令が特定の物について発せられ，その物の価額が上記の基準額を下回るときも，同様である。解放金が供託されても，仮差押命令の取消原因となるものでなく，供託金が本来の仮差押物件に代わって仮差押えの目的物となる（その他，解放金供託の効果については，→620）。

238　**(7) 理由**（または理由の要旨）（16条，規9条2項6号。前述→225）

理由には，主要な争点およびこれに対する判断を示さなければならないが，口頭弁論または債務者の審尋を経ない場合は，当事者の提出した主張書面の引

用が認められる(規9条3項,4項)。

(8) 訴訟費用の裁判(主文3)　　　　　　　　　　　　　　　　　　239

　仮差押命令の申立てに対する決定は，却下，棄却のそれのみならず申立てを認容した仮差押命令も，「事件を完結する裁判」(7条,民訴法67条1項)であるから，これには訴訟費用の裁判を掲げなければならない(ドイツにおいても，古くは決定による仮差押命令につき消極説があったが，前世紀の初頭に克服され(戸根・諸問題35頁以下)，現時では，*Stein/Jonas/Grunsky*, §922 Rdnr.12.; MünchKomm-*Heinze*, §922 Rdnr.12 §922 Rdnr.12.; *Gaul/Schilken/Becker-Eberhard*, §77Rdnr.14；をはじめとする各種文献と実務において積極説で一致しており，異説のあることを知らない。)。裁判前に債務者が審尋されていたかどうかは，問題にならない(債務者が審尋されていなくても，債権者は，必ずいくらかの費用を出捐しており，その費用の負担につき裁判を省略してもよいはずはない。)。保全命令の手続は，本案訴訟から独立して進行するものであるから，費用の裁判を本案判決に留保することはできない。また，保全命令に対して保全異議が申し立てられるとは限らないから，費用の裁判を異議に対する決定に留保することも許されない。わが国の実務では，古くからの悪しき惰性で(裁判所で慣用の保全命令書の定型用紙において，費用の裁判が不動文字で刷り込まれていない。)，保全命令にはおおむね費用の裁判を掲げないけれども，疑いもなく裁判の脱漏(民訴法258条2項)である(大阪高裁昭和33年12月27日決定・下民集9巻12号2709頁；東京高裁昭和45年9月1日決定・下民集21巻9・10号1269頁は，保全命令における費用の裁判の脱漏をとがめた例である。なお，鈴木・民事訴訟法講座3巻921頁；兼子・執行法310頁；菊井・民訴法(2)326頁；戸根・諸問題35頁以下)。

(9) 決定の年月日(規9条2項7号)　　　　　　　　　　　　　　　　240

(10) 裁判所の表示(規9条2項8号)　　　　　　　　　　　　　　　　241

# 第3章　仮処分命令

## §1　種　　類

301　**(1)**　23条に定められている仮処分命令は，(a)現状の変更により債権者の権利実行が不能または著しく困難になるおそれがあるときに発せられる「係争物に関する仮処分」命令（同条1項）と(b)係争権利関係につき債権者に生ずる著しい損害または急迫の危険を避けるために発せられる「仮の地位に関する仮処分」命令（同条2項）との二種である。この両者は，具体的事案においてしばしば峻別し難いからというので，債権者が申立てにおいていずれを求めるのかを明示する必要はなく，事案によっては裁判所が債権者の指定とは別種の仮処分を命じ得ると説く見解がある（*Stein/Jonas/Grunsky*, vor §935 Rdnr.30.; *Baumbach/Lauterbach/Hartmann*, §940 Rdnr.1.）。しかし，両者の性質上の差異は，はっきりしているから，そのいずれであるかは，債権者の申立てにおいても仮処分命令においても認識可能にしておくべきであり，訴えの変更に準ずる申立ての変更を経るのでなければ，相互の互換性を認めてはならないと解したい（*Gaul/Schilken/Becker-Eberhard*, §76 I.Rdnr.1.）。

302　**(2)**　ドイツにおいては，上記両種の仮処分がいずれも債権者の権利の後日における満足を保全する域から出ることができないものであるという前提を採り，これらとは対照的に，法の明文には一般的規定を欠くけれども，債権者に暫定的満足をもたらす「第三種の仮処分」という類型が存在すると説く見解が，伝統的に有力である。そして，この第三種の仮処分とは，債務者から債権者に対して暫定的に一定の給付をすることを命ずる仮処分（Leistungs- oder Befriedigungsverfügung）

を意味し，具体的には，夫婦間，親族間の継続的扶養料の支払い，賃金の継続定期的支払い，生活必需品の引渡しなどを命ずる仮処分がこれに該当するというのである (*Stein/Jonas/Grunsky*, vor §935 Rdnr.31, 32.; *Rosenberg*, Lehrbuch §Ⅱ 14 Ⅰ 2.; *Jauernig*, Inhalt S.321ff.)。しかし，この見解には賛成することができない。本案請求権の中には，債権者が満足を得ること以外の権利保全が考えられないものがあるし，わが民事保全法24条も，仮処分の方法として債務者に「給付」を命ずることを容認しているのである。また，後述のとおり，仮の地位を定める仮処分は，債権者に暫定的満足を与えることを全く排除するものではない(→330)。ドイツにおいても，「第三種の仮処分」という類型の存在を否定し，論者がこれに属するという各種の債権者への満足的給付を命ずる仮処分は，すべて仮の地位を定める仮処分に含まれると考える見解は，上記のそれに劣らず有力である (*K. Blomeyer*, S.63ff.; *Gaul/Schilken/Becker-Eberhard*, §76 Rdnr.1, 15. なお，吉川・基本問題87頁以下参照)。

## §Ⅱ 係争物に関する仮処分の要件

23条1項により，係争物に関する仮処分命令は，金銭の支払い以外の給付を目的とする請求権を保全すべき権利(被保全権利)とし，その目的物の現状の変更により，債権者が権利を実行することができなくなるおそれがあるとき，または権利を実行するのに著しい困難を生ずるおそれがあるとき(保全の必要性—仮処分の理由)に発することができる。

303

### 1 被保全権利

(1) 係争物に関する仮処分の被保全権利は，金銭債権以外の特定給付の請求権である。その給付の目的物が係争物であって，必ずしも有体物には限らない。債権や各種の無体財産権も，移転や処分の対象になるから，これらを目的

304

とする仮処分が認められる。取立禁止や譲渡禁止の仮処分がその実例である。被保全権利の対象となる特定給付の態様は，物の引渡し，物の供託，文書等の呈示，工作物の収去，登記手続，登録手続などである。不作為請求権（譲渡，物理的変更の禁止等）や受忍請求権（立入りの受忍等）も，特定の物に関わるときに限り被保全権利となることがある。特定の物に関わりのない作為請求権（出演等）や不作為請求権（競業禁止等）は，ここでの問題とならず，後述の仮の地位を定める仮処分の本案請求権となるものである。

305　　(2)　特定給付の請求権は，条件付または期限付であってもよく（23条3項），将来の請求権もこれに準ずる。ただし，いずれも請求権が成立するための基礎が既に存在しており，37条により起訴命令を受けたときは直ちにこれに対応した本案訴訟を提起することが可能でなければならない。その意味で，親族間の扶養請求権や婚姻取消し，離婚の場合の財産分与請求権は，その具体的内容が協議または非訟事件の裁判によって形成される前には被保全資格を否定すべきである。条件成就や期限到来が殆ど期待し得ないため財産的価値が否定される請求権も，被保全資格が欠ける。同時履行の抗弁権の附着した特定給付請求権も，被保全権利たり得る。以上は，仮差押えの場合について述べたところと同様である（→202）。被保全権利は，強制執行に親しむものでなければならない。それ故，不執行の特約のある請求権は，被保全資格がない。本案につき仲裁契約や外国裁判所への専属的管轄合意があっても，仮処分命令は，日本の裁判所に申し立てることができる（→203）。

## 2　保全の必要性（仮処分の理由）

306　　(1)　係争物に関する仮処分の理由は，係争物の現状の変更により，被保全権利たる特定給付請求権にかかる強制執行が不能または著しく困難になるおそれがあるときに認められる。債務者の責任財産の滅失，量的もしくは質的価値の低下または換価の困難化のおそれがそれである。その原因の大部分は，債務者の行為であって，係争物件の毀損，物理的現状変更，隠匿，譲渡，担保権の設

定，占有者の引入れ等を典型例とするが，これに限らず，第三者の所為，経済変動，自然災害でも妨げない。

(2) 債権者が即時執行可能の担保を条件としない債務名義を有しているとき，別途の仮処分手続で執行保全の目的が遂げられているときには，仮処分の理由がない。　307

(3) 仮差押えの場合と同様（→207），仮処分の理由が欠缺しているときは，仮処分命令申立てを不適法として却下するのでなく，理由がないものとして棄却するのが正しい。　308

## §Ⅲ 仮の地位を定める仮処分の要件

### 1 制度の目的

23条2項により，仮の地位を定める仮処分命令は，(a)当事者間に権利関係の争いがあり（争いのある権利関係），(b)それが原因で債権者に生ずる著しい損害または急迫の危険を避けるためこれを必要とするとき（保全の必要性―仮処分の理由）に発することができる。係争物に関する仮処分が，仮差押えと同様もっぱら強制執行の保全を目的とするのと異なり，仮の地位を定める仮処分は，係争権利関係につき終局的紛争解決に至るまでの法的平和の維持のため，債権者に生ずる著しい損害または急迫の危険を避けるための暫定的な法的状態を形成し，またはさらにその実現に向けた給付を命ずることを内容とする。法は，この種の仮処分において「保全すべき権利」といわず「権利関係」の文言を用いているけれども，制度の目的は，やはり債権者の権利の保全にある。ここでも債権者は，係争権利関係において一定の本案請求権を有することが必要である（37条参照）。　309

## 2 争いのある権利関係

310 　仮の地位を定める仮処分の前提をなす「権利関係」とは，確認訴訟の対象となる「法律関係」（民訴法134条，145条1項）と同義に考えてよい。その典型例は，所有権，占有権その他の物権，氏名権，著作権，特許権その他の無体財産権といった排他的権利に基づくものであるが，共有関係や相隣関係，賃貸借，雇傭，委任等の継続的債権関係，会社等の団体における構成員，機関相互間の法律関係も含まれる。権利関係は，財産権上のものだけでなく，身分法上のものであってもよい。金銭債権も，係争物に関する仮処分の場合とは違い，その不払いによって債権者にもたらされる損害，危険の避止が問題となるときは，仮の地位を定める仮処分の保全対象となる。権利関係は，継続的であることを常態とするが（旧民訴法760条但，ドイツ民訴法940条参照），これに限らず，一回的給付をもって消滅する債権を全く排除するものではない（→330）。仮の地位を定める仮処分は，「争いがある」権利関係について命ぜられるものであるが，債務者が現に権利関係を争っていなくても，侵害行為や義務不履行の実績があれば要件が充たされる。

## 3 保全の必要性（仮処分の理由）

311 　**(1)** 仮の地位を定める仮処分における保全の必要性は，係争権利関係につき債権者に生ずる著しい損害または急迫の危険を避けるために，暫定的な法的状態を形成し，またはさらにその実現に向けた給付を命ずる必要性をいう。具体例としては，近隣債務者が反覆または継続して騒音を発生させているので，債権者の日常生活に著しい障碍が生じているとか，不正競業の継続で回復不能の営業上の損害を受けそうであるとか，効力に問題のある株主総会決議で選任された取締役が専横な業務執行をするため，株主が重大な損害を被っているといった事態が挙げられる。金銭債権についても，例えば，不法行為により身体

傷害を受けたので，その治療費や生活費に窮している場合には，加害者にその費用の仮払いを命ずる仮処分の必要性が，効力に問題のある解雇で賃金が貰えない被解雇者が路頭に迷うといった場合には，使用者に賃金の仮払いを命ずる仮処分の必要性が認められる。

(2) 仮の地位を定める仮処分は，しばしば債務者の側に少なからぬ損害をもたらすものであるから，その理由の存否を判断するに当たっては，当事者双方の利害の慎重な衡量が必要である。 *312*

(3) 係争物に関する仮処分の場合と同様（→306-8），債権者が即時執行可能の担保を条件としない債務名義を有しているときや，既に別途の仮処分手続で債権者の損害，危険避止の目的が遂げられているときには，仮処分の理由がない。不作為を命ずる仮処分について，違反行為反覆の危険がないときも，仮処分の理由を否定すべきである。 *313*

(4) 仮差押えおよび係争物に関する仮処分の場合と同様（→207, 308），仮の地位を定める仮処分において保全の必要性が欠けているときは，仮処分命令申立てを不適法として却下するのでなく，理由がないものとして棄却するのが正しい。 *314*

## 4 他の法令との関連

他の法令との関連で，性質上は仮の地位を定める仮処分でありながら，民事保全法に則ってこれを命ずることが許されないものがある。 *315*

### a 民事執行の停止を命ずる仮処分

(1) 法は，強制執行に関する各種の救済申立てが裁判所になされた場合について，その申立てを受けた裁判所（急迫な事情があれば執行裁判所もしくは裁判長も）または裁判所（もしくは原裁判官）が，一定の要件の下に，申立てに対する終局裁判前の暫定処分として，強制執行の一時的停止を命ずることができる制度を設けている。民事訴訟法では，抗告，特別上告（同法380条2項における準用の場合を含む。），仮執行宣言付判決に対する上訴，再審の訴え，手形・小切手訴 *316*

訟，少額訴訟の仮執行宣言付判決に対する異議，仮執行宣言付支払督促に対する督促異議が提起された場合がそれであり（同法334条2項，398条1項，399条），民事執行法では，執行抗告，執行異議，執行文付与に対する異議の申立て，同異議の訴え，請求異議の訴え，第三者異議の訴えが提起された場合がそれである（同法10条6項，11条2項，32条2項，36条，38条4項）。ドイツでは，こうした各種救済申立てに附随する一時的強制執行停止命令を法文上および講学上「仮の処分」(einstweilige Anordnung) と呼ぶことにより，一般の仮処分 (einstweilige Verfügung) と区別している。両者の間には発令の要件において差異はあるが，前示強制執行停止の仮の処分も，係争権利関係につき申立人を終局裁判前の損害，危険から防衛するための暫定措置たる点では，仮の地位を定める仮処分と異ならない。そして，立法者が上記の一時的強制執行停止の仮の処分に関する特別規定を用意しているのは，それぞれに対応した上訴，再審，異議等を提起することができる場合において，強制執行停止の一時的措置の裁判を求め得る唯一の法的手段を規定した趣旨である。それ故，これに準拠し得る場合に民事保全法23条2項の仮処分をもって強制執行の暫定的停止を命ずることは，許されないと解されており，異説を見ない（最高裁昭和26年4月3日判決・民集5巻5号207頁；吉川・基本問題253頁以下: *Stein/Jonas/Münzberg*, vor §704 Rdnr.96.; *Stein/Jonas/Grunsky*, §938 Rdnr.28.: *Gaul/Schilken/Becker-Eberhard*, §76 Rdnr.40. 執行債権の自己帰属を主張する者の申立てにより，表見的債権者からの強制執行の停止を命ずる仮処分は，本文記載の禁止に触れるものでなく許される。)。民事訴訟法117条の定期金賠償判決変更の訴えを本案として，旧判決に基づく給付の強制執行の停止を命ずる民事保全法上の仮処分を命ずることの可否については，はっきりした規定を欠いているので疑問がある。この判決変更の訴えは，請求異議の訴えの変形と見るべきで（中野・民執法212頁），それが提起された場合には，民事執行法36条を準用して執行停止の仮の処分を命ずることができるから，これと競合する民事保全法上の仮処分は，許されぬものと解したい (Vgl. *Rosenberg/Schwab/Gottwald*, §Ⅰ58Ⅳ3.; *Baumbach/Lauterbach/Hartmann*, §Ⅲ23 Rdnr.54.)。

(2) 同じ民事執行であっても，担保権実行のそれについては，被担保債務不

存在を理由に，民事保全法上の仮の地位を定める仮処分をもって一時的停止を命ずることを認めるのが，ほとんど例外を見ない実務の扱いである。そしてこれは，古くからの判例でも是認されており（大審院明治43年2月17日判決・民録16輯104頁。なお，最高裁昭和57年9月10日判決・民集36巻8号1602頁参照），学説でも積極説が大勢を占めている（吉川・基本問題315頁以下；斎藤・競売法133頁；宮川・吉川還暦記念621頁以下；鈴木＝三ケ月編・注解民執法(6)268頁以下［奈良］；（懐疑的ながら）西山・概論365頁以下等）。しかしこの積極説は，上述した強制執行停止の仮処分について一般に承認されている見解と整合しない。担保権実行の執行処分に対しては，担保権の不存在または消滅を理由として執行異議を申し立てることができる（民執法182条，191条，193条2項）。また担保権の設定は，それ自体としては債務（Schuld）と直接の関わりがない責任（Haftung）の問題であるから，被担保債務が存在しなければ，物上保証人のみならず債務者も，目的財産が自己の責任財産でないと主張して担保権実行手続につき第三者異議の訴えを提起することができるはずである（岩松・競売法12頁，97頁；同（講演）・強制執行に関する民事裁判官会同要録253頁；岩野ほか編・注解強制執行法(1)495頁以下［鈴木］；鈴木＝三ケ月編注解民執法(5)328頁以下［鈴木］；斎藤・競売法75頁，77頁）。そうすると，いずれにせよ執行停止の仮の処分を求めることができるから，これと内容が競合する民事保全法上の仮処分は，許されぬものと解しなければならない（鈴木＝三ケ月編注解民執法(5)328頁以下［鈴木］；菊井・民訴法(2)356頁。なお，兼子・執行法325頁参照。不動産競売停止文書に関する民事執行法183条1項7号に「担保権の実行を一時禁止する裁判」とあるのは，本文記載の消極説の妨げとなるものでない。）。

**b 行政庁の公権力に干渉する仮処分**

行政事件訴訟法44条により，行政庁の処分その他公権力の行使に当たる行為については，民事保全法に規定する仮処分をすることができない。 *318*

**c 人事訴訟を本案とする仮処分**

この種の仮処分の適否は，非常に問題である。人事訴訟法30条1項には，「人事訴訟を本案とする保全命令事件は，……」とあるが，同法2条によれば同法 *319*

において「人事訴訟」とは，身分関係にかかる各種の形成の訴え（婚姻の無効および取消し，離婚，協議上の離婚の無効および取消し，嫡出否認，認知，認知の無効および取消し，父を定める目的，養子縁組の無効および取消し，離縁，協議上の離縁の無効および取消しの訴え）および確認の訴え（婚姻関係，親子関係など各種身分関係の存否確認の訴え）に限られている。それ故，これらを本案とする強制執行の保全のための仮差押命令と係争物に関する仮処分命令は，そもそも存立の余地がない（管轄を定める30条2項に「仮に差し押えるべき物もしくは係争物の所在地を管轄する家庭裁判所」を掲げているのはナンセンスである。）。仮の地位を定める仮処分についても，本案が形成の訴えの場合，形成の効果は原告勝訴判決の確定によってのみ得られるものであるから，その効果を先取りして権利関係形成の内容を実現させる仮処分は，許されない（→331）。暫定的にせよ離婚を命ずる仮処分や認知を命ずる仮処分がこれに当たる。権利関係形成の仮処分も，形成の内容が本案判決の場合に比し量的に少なく（minus）等質でない（aliud）ときには許されるけれども（→331），その場合でも仮処分命令の内容が原告勝訴の本案判決のそれに包摂される関係にあることを必要とする。たしかに，各種の人事訴訟に対応して，子の監護や財産分与だけでなく，子の引渡し，子の養育費の分担，夫婦の暫定的別居，その間における住居の保障，扶助料，扶養料の支払い，生活必需品の引渡し等々の暫定的処分が望ましい事態は，しばしば生ずるけれども，こうした処分は，原告勝訴の確定判決の内容から必然的に得られる結果から逸脱しており，民事保全法上の仮処分として許される範囲を超えるものである。身分関係存否確認の訴の場合においても，仮処分をもって原告勝訴判決確定の効果を先取りして身分関係の確認を命じたり，前に例示した子の監護その他の暫定的処分を命ずることは，身分法の本質と仮処分の限界に関する前同様の理論に照らし許されない。要するに人事訴訟を本案とする適法な民事保全命令は，理論上想定し得ないわけである。以上に述べた場合の保全的措置は，仮処分とは異質の仮の処分（einstweilige Anordnung →303）によるしかないが，立法者は，この点の配慮を全く怠っている（戸根・訴訟と非訟302頁以下。ドイツ家事非訟法《FamFG》49条以下，119条は，この点に周到な配慮を施したeinstweilige Anordnung等の規定である。）。

### d 非訟事件を本案とする仮処分

**(1)** 家事審判その他の非訟事件の裁判の申立てが民事保全の本案の資格を有するかどうかについては，従来主として婚姻の取消しまたは離婚に伴なう財産分与に関する裁判の申立てをめぐって論ぜられている。非訟事件の裁判も債務名義となるとの単純な理由から，積極説がかなり有力であるが（菊井・民訴法講座4巻1231頁；兼子・民訴雑誌1号30頁，執行法303頁；野間・吉川還暦記念（上）187頁以下；西山・概論36頁以下），これには賛成しがたい。民事保全法上の保全処分は，沿革的に立法者により訴訟裁判所に分掌され，1条の限定的文言からも明らかなとおり，もっぱら裁判所が民事訴訟手続により存否の判断をする請求のためにのみ認められているものであって，非訟事件を本案とすることは，全く想定されていない（Stein/Jonas/Schumann, ZPO 20.Aufl.Einl Rdnr.437.; Stein/Jonas/Grunsky, vor §916 Rdnr.28.; MünchKomm-*Heinze*, §919 Rdnr.4.; *Schlegelberger*, FGG 7.Aufl. §Ⅰ Rdnr.15.; *Baur*, Freiwillige Gerichtsbarkeit §ⅡBⅢ5.; derselbe, Studien S.8.；東京地裁昭和34年2月27日決定・判時233号10頁以下；鈴木・非訟事件の裁判の既判力163頁以下；中野・強制執行・破産の研究270頁：戸根・中野古希祝賀（上）128頁以下，訴訟と非訟50頁以下，292頁以下）。もし保全訴訟裁判所が，財産分与請求権の具体的内容形成としてその態様や数額をどこに求めるべきかといった，非訟裁判所の専権に属する合目的性の判断を先取りするのであれば，それは裁判権（Gerichtsbarkeit）の侵犯といわねばならない。

**(2)** ただし，財産分与の裁判申立事件でも人事訴訟法32条（旧人訴法15条もほぼ同旨）により婚姻の取消しまたは離婚の訴訟手続に附随して一括裁判される場合には，これを本案とした民事保全法上の保全命令を許容するのが一般の実務のようであり，これを是認する裁判例や学説が多い（東京高裁昭和35年5月26日決定・下民集11巻5号1160頁；同平成5年10月27日決定・判時1480号79頁；鈴木・非訟・家事事件の研究37頁以下；宮脇・民事法の諸問題Ⅰ347頁；市河・総合判例研究叢書民法(3)126頁；岡垣・村松還暦記念（下）237頁以下；同・山木戸還暦記念（上）317頁以下；瀬木・民保法［604］）。しかし，同条の「附帯処分」は，基本たる訴訟の裁判に属しないから附帯処分なのであり，既判力とは無縁で，本質において非訟

320

321

事件の裁判にほかならないから、やはり民事保全法上の保全命令の本案としての適格に欠ける（東京地裁昭和34年2月27日決定・判時233号10頁；最高裁民事部長昭和23年12月22日回答・最高裁通達通知回答（上）801頁の1；中島・村松還暦記念（下）276頁以下；中野・強制執行・破産の研究270頁以下；戸根・中野古希祝賀（上）128頁以下、訴訟と非訟76頁以下、298頁以下）。そこで些か強引な苦肉の策であるが、同条の附帯処分の申立てがあったときには、対応の家事審判の申立てがあった場合に準じ家事事件手続法157条1項の類推適用を認め、然るべき「仮の処分」を命じ得るという説を提唱したい。

322　(3)　もっとも、実定法上は非訟事件手続で裁判される事件であっても講学上いわゆる真正争訟事件（echte od. Privatrechtliche Streitsache）の場合については、別様の思考を必要とする。この種の事件は、二当事者が一定の訴訟物をめぐり対立し、裁判所が既判力を伴う終局的確定の裁判をするもので、実質上の訴訟事件にほかならない（Baur, Freiwillige Gerichtsbarkeit S. 111.; *Habscheid*, Freiwillige Gerichtsbarkeit 7.Aufl. §7.）。それ故、その裁判の申立ては、通常の民事訴訟の訴えに準じ保全命令の本案たり得る資格を有するものと解するのが相当である（Stein/Jonas/Grunsky, vor §916 Rdnr.57. 反対：鈴木・非訟事件の裁判に既判力163頁以下、同・非訟・家事事件の研究37頁）。ただし、現行実定法で認められている真正争訟事件の例は、非常に限られており、かつ立法者は、真正争訟事件に該当しまたは該当しない非訟事件につき広く非訟裁判所自身による終局裁判前の保全処分の途を開いているから（例えば、夫婦財産契約における財産管理者の変更（民法758条2項、家事法39条、別表第1の58号）につき家事法105条）、その種の事件につき同じ方向の民事保全命令を認める余地がなく、そうした立法者の配慮が見られぬ真正争訟事件として思い当たるのは、裁判上の代位（民法423条、非訟法85条ないし91条）と推定相続人の廃除（民法892条、家事法39条、別表第1の86号）くらいに限られるところ、これらの申立てを本案とする適法で実益のある態様の民事保全法上の保全命令は、その例を想定することがむずかしい。

## §Ⅳ 仮処分の方法

### 1 仮処分の方法の多様性

　仮処分をもって避けねばならぬ危険は，極めて多様であるから，これを避ける方法を予め書き並べることはできない。それで24条によれば，仮処分命令の申立ての目的を達するための必要な処分（仮処分の方法）の選択は，仮差押えの場合とは対照的に，裁判所の裁量に委ねられる。同条に掲げられている数種の方法は，その典型例である。ただしここでの裁判所の裁量は，以下に述べる各種の理論上の制約を受ける。

### 2 申立てによる制約

　民事訴訟法246条に定める，裁判所が当事者の申立外の事項につき裁判をすることができないという原則は，仮処分訴訟についても適用がある。それ故債権者は，仮処分命令の申立てにおいて，24条との関連で一定の仮処分の方法を掲げて指示しなくてもよいが，いかなる権利を防衛し，その保全または即時満足を得たいのかという権利保護の目的を表示する必要がある（*Baur*, S.71ff.; *Stein/Jonas/ Grunsky*, vor §935 Rdnr. 10, 11.）。この表示された目的を超えている仮処分の方法は，違法である。例えば，債権者が保管人に目的物を保管させる仮処分を申し立てたにすぎないのに，債権者への即時引渡しを命じたり，債権者の申立額を超える金額の賃金の支払いを命じたりするのがこれに当たる。債権者の申立てに掲げられた仮処分の方法が許されぬものであれば，裁判所は，（できる限り釈明権の行使により是正を試みるべきであるが，）申立てのそれと同じ方向であっても別の適法な仮処分の方法を選択して命ずることはできない（*Stein/Jonas/Grunsky*, §938 Rdnr.2.）。

### 3 本案請求権による制約

325 　仮処分の方法は，本案請求権の限界を超えるものであってはならない。債権者が債務者に対して実体法上要求し得ない事項は，仮処分をもって命ずることができない。例えば，契約上甲，乙の共同使用が認められているのに甲の独占使用の受忍を乙に命じたり，抵当権者の申立てにより抵当権設定者に目的物の譲渡を禁じたり，賃借権者の申立てにより引渡請求権を保全するため賃貸人に目的物の譲渡を禁じたりする類いである。仮処分は，申立人との実体法上の関係で債務者とならぬ第三者（ことに公証人や登記官吏）に直接向けられてはならない（仮処分による譲渡禁止物件を譲り受けた第三者が権利取得を債権者に対抗し得ないのは，仮処分の反射的効果であって，本文記載の禁止とは関係がない。）。

### 4 執行との関連

326 　(1) 夫婦間の同居，雇傭契約に基づく就労（ドイツ民訴法888条3項参照），不執行の合意がある給付などは，通常の強制執行のみならず仮処分の執行にも親しまないが，仮の地位を定める仮処分でこれらを命ずること自体は，妨げないものと解する（*Jauernig*, Inhalt S.345ff.; *Gaul/Schilken/Becker-Eberhard*, §76 Rdnr.17.)。

327 　(2) 通常の強制執行も仮処分執行も，狭義の裁判である仮処分命令とは独立で，別個の申立てに基づき別個の手続原則（例えば，執行手続における事実の認定は，疎明でなく証明により，裁判に対する不服申立方法も全く異なる。）に服して実施され，法定以外の手続によることを得ぬものであるから，仮処分命令をもって実質上の執行処分をすることは，許されない（*Stein/Jonas/Grunsky*, §938 Rdnr.28.; MünchKomm-*Heinze*, Rdnr.35.; *Baumbach/Lauterbach/Hartmann*, §938 Rdnr.19. 保管人に目的物を保管させる仮処分で強制管理を命ずるのは（→342），仮処分命令の内容をなす保管人の権限範囲を定めるだけのものであるから，本文記載の禁止に触れない。）。債務者に対して代替的作為（工作物収去等）または不作為を命ずる仮処分命令中に

その構成部分として、不履行または違反の場合には債権者またはその意を受けた第三者が、当該作為または違反の物的状態の除去を代行し得る旨の授権決定（52条、民執法171条）に相当する処分を掲げる実務が横行しており、これを是認する向きが多い（東京高裁昭和45年6月30日判決・下民集21巻5・6号997頁以下；竹下・吉川還暦記念（下）594頁以下；鈴木＝三ケ月＝宮脇編・注解強制執行法(4)521頁以下［奈良］；竹下＝藤田・注解（下）297頁以下［藤田］；丹野・民事保全手続の実務443頁以下、449頁以下；西山・概論141頁、360頁等。なお、松浦・菊井献呈（下）941頁以下参照。これらの説は、仮処分命令であるからというので、52条1項、民執法171条3項の必要的債務者審尋の規定を無視することを容認し、またはこの必要的審尋の規定が仮処分執行については準用されないと臆断している。）。しかし、いずれも合理的な根拠を示しておらず、上記の仮処分命令は、強制執行に関する法規を僭脱するもので、違法であると信ずる（戸根・村松還暦記念（上）173頁以下；同・判例百選62頁）。

(3) 前述のとおり、仮の地位を定める仮処分をもって民事執行の停止を命ずることは、許されない（→316）。 328

## 5 暫定性

### a 概　説

仮処分命令は、その制度目的に照らし暫定性を本質とするから、これから生ずる限界を超えるものであってはならない。したがって仮処分の内容は、原則として、債権者が本案訴訟でその請求権が存在しないという理由で敗訴した場合には、原状回復の実現が可能であることが求められる。その意味で、債権者に暫定的にせよ本案請求権の満足を与える仮処分の適否が問題となる。強制執行の保全を目的とする係争物に関する仮処分で債権者に被保全権利の満足を与えてはならぬことは、疑いを容れない。しかし、仮の地位を定める仮処分では、本案請求権の暫定的満足でなければ保全の目的が充たされぬ場合があるので、問題は単純でない。仮処分命令に求められる暫定性とは何かを抽象的に定義づけることは甚だ困難であり、定説を見ない。それ故、この点をめぐり従来の裁 329

判例や学説で問題となっている個別的態様の仮処分命令に当たり，その適否を考察するにとどめなければならない。

#### b 権利関係の継続性

330 　　仮の地位を定める仮処分の前提となる「争いがある権利関係」は，継続的であることを通例とする（旧民訴法760条但，ドイツ民訴法940条参照）。しかし，権利関係の継続性は，決して仮処分の要件ではなく，債権者が緊急医療費等の金銭支払いや生活必需品等の物の引渡しといった一回的給付を受けることにより満足を得る権利関係に基づき，債務者に対してその給付を命ずる仮処分も，例外的には許される（*Jauernig*, ZwV u. Ins §37Ⅲ）。満足的仮処分の適法性に極めて消極的な第三種の仮処分の理論の主唱者も，扶養料や賃金の継続割賦支払いを命ずる仮処分が適法であることを認めているのであるが（→301-2），これらの割賦支払いも，各期のそれに限定して見れば，一回的給付以外の何物でもない。本案判決前に満了すべき一定期間内または一定日時における不作為または受忍を命ずる仮処分も，同様に許される。ただし，こうした債権者に満足をもたらす仮処分命令は，しばしば債務者に塡補困難の損害を加えるものであるから，これを発するに当たっては，保全の必要性を肯定するにつき特に慎重であることが求められる。

#### c 権利関係形成の仮処分

331 　　**(1)** 形成の訴えにおいて求める形成の効果は，原告勝訴判決の確定によってのみ与えられるものであるから，形成の訴えを本案として請求認容判決の確定の効果を先取りし，権利関係形成の内容を実現させる仮処分は，許されない（*Baur*, S.53ff.; *Stein/Jonas/Grunsky*, §938 Rdnr.7.）。離婚を命ずる仮処分，子の認知を命ずる仮処分，法人の役員の業務執行権を剥奪する仮処分などがこれに当たる（ただし上記の文献は，役員の違法業務執行が甚だしく，団体を危殆から防衛するのに他の方策がないときには，例外としてその権限剥奪を命ずる仮処分が許されるとするが，すっきりしない議論で，賛成することができない。こうした場合に対応するためには，後述の職務執行停止仮処分で十分であろう。）。

332 　　**(2)** しかし，権利関係を形成する仮処分も，その形成内容が本案確定判決の

それに比し量的に少なく (minus)、かつ内容的にも等質でない (aliud) 場合には、許される (Baur, Studien a.a.O.; Stein/Jonas/Grunsky, §938 Rdnr.9ff.)。民事保全法56条の明文規定にもある法人の役員の職務執行を停止し、さらには第三者の職務代行を命ずる仮処分は、その例である。この種の許された仮処分に基づく形成の効果は、通常訴訟における形成判決に基づくそれとは異なり、仮処分命令が債務者に告知されることによって生ずる。その効果は、仮処分命令が取り消されると自動的に消滅するが、消滅の効果は既往に遡らない (Stein/Jonas/Grunsky, §938 Rdnr.15, 16.)。

#### d 意思表示を命ずる仮処分

**(1)** 民事執行法173条1項は、意思表示の強制執行について、具体的な執行手続によらず、これを命じた判決の確定時その他これに準ずる時点で意思表示があったものと擬制している。そこで、この擬制時点を本案判決確定時よりも前に遡らせる効果を伴うものとして、仮処分で意思表示を命ずることが許されるかどうかが争われている。わが国の多数説は、積極説を採用しており (吉川・基本問題330頁以下；兼子・民事法研究3巻57頁；丹野＝青山編・民事保全法490頁以下[鈴木]、同新版541頁以下［足立＝小池］；竹下＝藤田・注解(上) 303頁［藤田］；竹下＝藤田・体系書422頁以下［荒井＝高橋］；瀬木・民保法350頁以下；長谷部・民訴雑誌46号61頁以下)、これに従う裁判例と実務もある (ただし、従来の実務に見られる案件では積極説の実益を認め難いものがある。例えば、大阪地裁昭和40年10月22日判決・下民集16巻10号1579頁は、大学が除籍した学生に対して復学許可の意思表示をせよと命じた仮処分決定を認可した裁判例であるが、この事案では、除籍の無効を理由に学生たる身分の暫定的確認の仮処分 (Stein/Jonas/Grunsky, vor §935Rdnr.6) で処理する方が適切であった (吉川・判例評論91号3頁；中野・判例百選60頁)。また、民法209条1項本文に基づき隣地使用承諾の意思表示を命ずる仮処分の例があるらしいが (前掲竹下＝藤田・体系書422頁以下；民訴雑誌46号62頁参照)、同規定は、通説には反するけれども、隣地使用の受忍義務 (Duldung) を定めたものと解するのを相当とするから (ドイツ民法912条1項参照)、仮処分ではその受忍を命ずるのが筋であろう。)。

**(2)** しかし、この種の仮処分命令が債務者に告知され、その時点で債務者が当

*333*

*334*

該意思表示をしたのと同じ実体的法律効果が確定的に生ずるとすれば，それは，本案訴訟における債権者勝訴判決の確定効果の完全な先取りにほかならない。金銭支払い，物の引渡し等の満足的給付を命ずる仮処分が多少とも後日の原状回復の余地を残しているのとは，明らかに性質上の差異がある。このような本案勝訴確定判決の効果先取りは，仮処分の本質たる暫定性に背馳する要因を含むことを否めない。したがって意思表示を命ずる仮処分は，原則として許されぬものというべきである (*Jauernig*, Inhalt S.341f.; *Baur*, Studien S.56.; *Stein/Jonas/Grunsky*, vor §935 Rdnr.50, 51.; *Gaul/Schilken/Becker-Eberhard*, §76 Rdnr.26.; MünchKomm-*Schilken*, §894 Rdnr.8.；中野・民事訴訟法の論点Ⅱ294頁以下)。もっとも学者は，目的となる意思表示の内容が暫定性を有しているとき (*Jauernig*, a.a.O.は，仮登記や異議登記の同意を命ずる仮処分を例に掲げる。ただしわが法制下でこれと同じ目的のためには，不登法108条の仮登記仮処分でまかなえると考える。)，実体法上の附随義務にかかるとき (*Baur*, a.a.O.; *Stein/Jonas/Grunsky*, a.a.O.; *Gaul/Schilken/Becker-Eberhard*, a.a.O.は，団体の外部に対する行為に関する団体内部での意思統一に向けられた協力，同調の意思表示を命ずる仮処分を例に掲げる。) のような例外的場合に限り，意思表示を命ずる仮処分が許されると説いている。しかし，理論そのものの当否にも疑問があるし，現実に論者があげるような例で意思表示を命ずる仮処分の必要が生ずることは，極めて希有であろう。

335 **(3)** 意思表示を命ずる仮処分命令が例外的に適法の場合，意思表示の擬制の効果は，民事執行法174条の時点ではなく，仮処分命令が債務者に告知された時点で生じる (*Gaul/Schilken/Becker-Eberhard*, a.a.O.; *Stein/Jonas/Grunsky*, a.a.O.)。後日仮処分命令が取り消された場合でも (もっとも，この種の仮処分命令が適法な保全異議や保全取消しの申立ての対象になるかどうかは，甚だ疑問である (中野・前掲論文303頁)。→**437**)，既に発生した擬制の効果は，覆えらない (ただし中野・前掲論文は，この種の仮処分命令の告知による意思表示擬制の効果を否定し，その執行は間接強制によるべきものとする。結論の妥当性は認めるが，民執法172条，174条が間接強制を許容したものと断ずるには，なお躊躇せざるを得ない。)。

## 6  24条所定の仮処分典型例

### a  行為を命じ，または禁止する仮処分

これは，債務者に作為（Handlung），不作為（Unterlassung）または受忍（Duldung）を命ずる仮処分である。対象となる行為は，物の使用，築造，収去，通行，立入り，記事掲載といった事実上のものであっても，譲渡，担保権設定，弁済といった法律上のものであってもよい。この種の仮処分命令は，債務者への送達によってこれに対する拘束力を生ずる。物の取得禁止の仮処分も許される。取得禁止が不動産についてなされた場合，禁止を登記簿に記入する途はないが，学者は，登記官吏において当該取得を原因とする登記記入を職権をもって拒否することができると解している（*Stein/Jonas/Grunsky*, § 938 Rdnr.26.; *MünchKomm-Heinze*, § 938 Rdnr.32.）。

336

### b  給付を命ずる仮処分

これは，作為，不作為または受忍ではない，物の引渡しまたは金銭の支払いを命ずる仮処分である。

337

### c  保管人に目的物を保管させる仮処分

**(1)** この種の仮処分は，不動産について認められることが多いが，動産や（引渡しの強制執行の対象となる）幼児についても実益がある。企業に保管人を置く仮処分の適否については争いがあるが，企業も債権的請求権の客体となり得る場合があるから，積極に解する（*Jauernig*, Inhalt S.327.; *Stein/Jonas/Grunsky*, § 938 Rdnr.23.）。

338

**(2)** 保管人は，裁判所が選任し，その権限の範囲も定めることができる。選任は，形式上仮処分命令または別途の決定の中でするが，前者の場合でも，理論上は仮処分命令の本来の構成部分ではなく執行処分の一種と見るべきであるから，保全異議（26条）でなく執行異議（民執法11条）に服し，後日の別途決定による解任，改選を妨げない。保管人は，職務上の当事者でも裁判所の代理人でもなく，当事者に対しては純粋に私法上の関係に立つ（*Stein/Jonas/Grunsky*, § 938

339

Rdnr.22.; MünchKomm-*Heinze*, a,a.O. §938 Rdnr.24.）。保管人は，債権者に対して民法648条の準用により（ただし特約がなくても）報酬を請求することができる。報酬の額は，保管人が執行官のときは「執行官の手数料及び費用に関する規則」の定めるところにより，執行官以外のときは裁判所がこれを定め，債権者との合意による減免を妨げない。報酬決定は，執行抗告に服する（民執法101条2項の準用）。

340　　(3)　わが国の実務では，保管人に執行官を選任する例が多いが，この場合でも保管人が執行機関に転化するのではなく，その地位の法律上の性質は，執行官でない一般私人が保管人の場合と全く変わらない。職務の執行に際し抵抗を受けたときも，その排除の根拠となる規定は，民事執行法6条1項ではなく，同条2項である。執行官による仮処分物件の占有を「公法上の占有」（意味不明の概念）と捉え，その侵害者に対し執行官が格別の債務名義によらず排除の強権力を行使し得ると説く見解が，かつてはかなり有力であったが（大阪地裁昭和23年6月19日判決（後掲沢論文所載）；大阪高裁昭和24年4月8日判決（吉川・諸問題71頁に所載）；福岡高裁昭和29年5月29日決定・高裁民集7巻6号489頁；沢・保全訴訟研究240頁以下），もとより謬論である（岩野ほか・強制競売と仮処分172頁以下参照。→724）。

341　　(4)　保管人がその職務執行のため目的物を直接占有するにつき債務者が任意引渡しに応じないときは，執行官を執行機関として民事執行法168条，169条に基づく取上げの執行を行うことになる（保管人が執行官のときも，取上げの執行に当たる執行官とは職務資格が別である（岩野ほか・強制競売と仮処分158頁）。もう一つの可能な考え方は，保管人が不動産強制管理に関する民執法96条の準用により目的物の占有を遂げることで，これでも現象的には大差がないが，やはり本文記載のとおりに解すべきであろう（62条1項参照）。）。

342　　(5)　不動産に保管人を置く仮処分命令では，保管人に目的物からの収益を収取する権限を与えるため，さらに強制管理を命ずることも許される。

343　　(6)　25条の2は，保管人に不動産を保管させる仮処分命令で一定要件を充たしたものにつき債務者を特定しないで発し得る場合があることを認め，詳細を規定

している。ただし，この種の仮処分命令の執行は，目的不動産の占有を解く際にその占有者を特定することができない場合は，することができない（52条の2）。

## §V　申立手続

### 1　仮差押命令の申立手続との原則共通

仮処分命令の申立手続については，民事保全法において仮差押命令の申立手続と共通の規定（12条〜19条）が置かれ，おおむね同一の原則が妥当する。それ故，以下においては，煩瑣を避けるため，多くの説明を仮差押命令の申立手続の項で前述したところ（→208-41）に譲り，主として仮処分命令に特有の問題につき記述する。

344

### 2　管　轄

仮処分命令事件を管轄する裁判所（仮処分裁判所）は，12条により，係争物に関する仮処分については債権者の選択に従い本案の管轄裁判所または係争物の所在地を管轄する地方裁判所，仮の地位を定める仮処分については本案の管轄裁判所であり，いずれも6条により専属管轄である。係争物の所在地を管轄する地方裁判所に関しては，仮差押命令事件を管轄する執行目的所在地の地方裁判所につき説明したところ（→210）がそのまま妥当する。

345

### 3　申立ての方式

13条1項により，仮処分命令の申立書では，申立ての趣旨，本案請求権（係争物に関する仮処分については「保全すべき権利」，仮の地位を定める仮処分については

346

争いがある「権利関係」および保全の必要性を明示しなければならない。

347　(1)　申立ての趣旨としては，24条との関連で，具体的な仮処分の方法を指定しなくてもよいが，これに関する裁判所の裁量権の範囲を画する意味において，債権者が仮処分によって得たい実質的権利保護目的を明らかにしておく必要がある（→324）。

348　(2)　係争物所在地の地方裁判所への仮処分命令申立てにおいては，管轄原因となる少なくとも一個の係争物とその所在地を明示しなければならない。

349　(3)　執行段階で登記，登録が求められる仮処分命令の申立書に添付すべき書面（規23条，20条。ただし，規20条各号の書面は，むしろ執行段階で必要とすべきものであるから，仮処分命令申立書に添付を求めているのはおかしい。→218）。

## 4　審　理

350　すべて任意的口頭弁論による（3条）。23条4項により，仮の地位を定める仮処分命令は，口頭弁論または債務者が立ち会うことができる審尋の期日を経なければ，これを発することができない。ただし，その期日を経ることにより仮処分命令の申立ての目的を達することができない事情があるときは，この限りでない。

## 5　仮処分命令の内容

351　(1)　主文（規9条2項5号）

これは，裁判所が債権者の申立てに基づきその範囲で選択した仮処分の方法の表示であって，仮処分執行の債務名義たる仮処分命令の根幹部分をなす。

352　(2)　理由（または理由の要旨）（16条，規9条2項6号，3項，4項）

仮処分命令に付する理由としては，16条但書によりその要旨を示すだけの場合でも，裁判所が一定の本案請求権と保全の理由を肯認したことを具体的に説示することが，簡潔な表現であっても最低限必要であると解する。実務では，

第3章　仮処分命令

「債権者の申立てを理由があるものと認め」といった文言ですませているものがほとんどであり，諸家も，16条但書の「理由の要旨」としてはこれで十分であると説いている（竹下＝藤田・注解（上）171頁〔高野〕；瀬木・民保法252頁）。しかしこれは，保全命令の効力の客観的範囲を画すべき本案請求権の確定を曖昧にする判例，学説（→106）と方向を同じくし，ナンセンスというほかなく，保全異議（26条），本案起訴命令（37条）の申立権者たる債務者の手続上の権利を害することが甚だしい（ドイツ法では，仮差押え，仮処分決定に理由を付することを要しないけれども，債務者の利益保護のため，実務の取扱いとして，決定には少なくとも申立書の写しを添付する必要があると考えられている。Vgl. Stein/Jonas/Grunsky, §922 Rdnr.5.)。

　前述のとおり，仮差押命令には，被保全権利を発生原因および金額を特定して表示すべきであり（→236），これと対比すれば，実務ではほとんど励行されていないけれども，仮処分命令にも，本案請求権を種類および発生原因において特定して表示することが必要であると解しなければならない（菊井・民訴法(2)366頁）。この表示は，主文中では無理であるから，理由中ですることになる。主文で表示の仮処分の方法が同じでも本案請求権の性質が異なるときは，同じ意味合いでなく，執行力の主観的範囲，執行の方法等に差異が生ずることがある（例えば，(a)甲の目的物件使用，収益を乙が受忍すべき旨の先行仮処分が甲の占有権に基づくものであれば，自力救済禁圧の意味しかないから，乙からの本権に基づく同物件を甲が撤去すべき旨の後行仮処分の障碍とならないが，先行仮処分が所有権に基づくものであれば，反対方向矛盾内容の後行仮処分は，許されない（→355）。(b)物の引渡請求権保全のために目的物に保管人を置く仮処分が所有権に基づくものであれば，執行力が債務者の特定占有承継人に及ぶが，契約解除等による債権的請求権に基づくものであれば，こうした執行力の拡張は認められない（→726）。(c)建物の処分禁止の仮処分は，登記請求権保全のためのものと建物収去土地明渡請求権保全のためのものとで，効力が全く異なる（58条，64条）。規則22条は，この点を意識した周到な規定であるが，同条所定外の仮処分命令には本案請求権の表示が不要であるかのような印象を読者に与えかねないという意味では不当である。）。しかし従来の裁判実務では，本案請求権に関

し審査そのものが曖昧であり，これを特定して仮処分命令に表示する例がほとんど見られない。そのため，債務者の側で本案請求権が何かを知るためには，しばしば裁判所に出向いて記録に当たらねばならず，それでも本案請求権を客観的に特定認識することが困難で困惑を余儀なくされている事案が少なくない。

353 **(3) 仮処分解放金(25条)**

　仮差押命令には，仮差押執行の停止または既往の仮差押執行処分の取消しを得るために債務者が供託すべき金額を定めて表示しなければならない(22条1項)。これに対比し仮処分は，金銭執行の保全を目的とせず，債務者が仮処分執行を免れるための金銭を供託しても，その供託金が仮処分の目的物に転化してこの上に債権者がなんらかの権利を有することにはならないから，解放金の制度は，本来仮処分に親しまないものである(ただし，旧法下において非常に争われていた。)。しかし民事保全法は，25条において，被保全権利が「金銭の支払を受けることをもってその行使の目的を達することができるものであるとき」，すなわち，係争物に関する仮処分の被保全権利たる特定給付の請求権が，その基礎に金銭債権があって，その支払いを受ければ被保全権利自体の満足に等しい効果を収め得る場合に限り，事前に債権者の意見を聴いて，仮処分命令に解放金額を掲げることができるものとした。解放金の供託は，仮処分命令を発した裁判所または保全執行裁判所の所在地を管轄する地方裁判所の管轄区域内の供託所にする(25条2項)。仮処分命令に解放金額を掲げ得る場合の被保全権利には，(a)種類売買，その解除，所有権留保契約，譲渡担保設定契約等に基づく代替物引渡請求権，(b)詐害行為取消権(民法424条1項)の二類型がある。(a)の類型の仮処分の場合，債権者は，供託された解放金につき本案勝訴判決の確定を停止条件とする還付請求権を取得し，停止条件が成就すれば，還付請求権の行使により供託金の優先的払戻しを受け，被保全権利に代わるべき金銭債権に充当し，残余があれば債務者に返還することになる。(b)の類型の仮処分の場合，65条により，詐害行為の債務者が供託された解放金につき還付請求権を取得し(そのため，規21条により仮処分命令に還付請求権者を特定記載する。)，その還付請求権は，同条所定の要件に従い行使することになる。

**(4)** 仮処分命令の申立てに対する決定の主文にも，仮差押命令の場合（→239）と同様，訴訟費用の裁判を掲げなければならない。

## 6 仮処分の抵触

**(1)** 裁判所が仮処分命令の取消しを命ずる場合に関しては，32条1項，37条3項，38条1項，39条1項にそれぞれ許容の要件を予定した特別規定が設けられている。その趣旨に照らし，先行の仮処分命令と後行の仮処分命令とが，当事者を共通にするが互いに債権者と債務者の関係を逆にして発せられ，かつ，後行の仮処分が，いかなる主文の表現形態を採るにせよ，実質的内容において先行の仮処分命令のそれと矛盾し両立し得ないものであれば，後行の仮処分命令は，当然に違法であり，保全異議の申立てについての決定による取消しを免れることができない（*Stein/Jonas/Grunsky*，§936 Rdnr.6, §938 Rdnr.28; *Gaul/Schilken/Becker-Eberhard*, §76 Rdnr.39ff.；吉川・研究269頁以下；戸根・民事保全講座(2)331頁以下，訴訟と非訟273頁以下）。これがいわゆる仮処分の抵触の問題に関する通説（命令違法説）の理解である。

**(2)** 上記の通説に反対し，先行仮処分命令と内容が矛盾する後行仮処分命令も当然に違法ではなく，先行仮処分の執行が存続していると，これに妨げられて命令の内容を適法に実現し得ないだけであるとする少数説があるが（執行違法説。大審院昭和3年5月12日決定・民集7巻6号350頁；菊井・「判批」判民昭和3年度35事件；中務・法叢62巻6号1頁以下；三ケ月・「判批」判例民事訴訟法378頁以下），根拠に乏しい。この説を採る論者は，仮処分命令には既判力がないことを強調する。しかし，保全命令は，本案の訴訟物については既判力を否定されるが，後行の保全命令申立てとの関係では既判力を肯定すべきである（→116-7）から，執行違法説は，誤った前提に立脚するものである。命令違法説によっても，先行仮処分執行が存続していることが後行仮処分執行の違法原因となる場合があること（例えば，先行仮処分の執行で目的物に対する保管人の占有が継続しているのに，この保管人の占有を侵す後行仮処分の執行をする場合）は，承認しなければなら

ないが，これは別論である。執行機関は，仮処分命令の適否を判断する権限を有しないから，先行仮処分執行の存続による執行法上の障碍がない限り，後行仮処分執行を実施すべき職責を負う（三ケ月・前掲判批は，命令違法説を採ると，仮処分抵触の有無の判断が執行吏に委ねられ，抵触がないのに執行が拒否されるおそれがあると懸念するが，通説に対する誤解である。）。

# 第4章　保全命令の手続における救済

## §Ⅰ　保全異議

仮差押命令であると仮処分命令であるとを問わず，保全命令に対しては，債務者は，その命令を発した裁判所に保全異議を申し立てることができる（26条）。保全異議は，上訴ではなく，同一審級内で保全命令の当否につき再審査を求める申立てである。 *401*

### 1　要　件

#### a　申立適格

保全異議を申し立てることができるのは，債務者，その承継人または債務者の財産にかかる破産管財人に限られる。保全執行が破産宣告に先行しているときは，破産管財人の申し立てた保全異議に基づき保全命令の認可，変更または取消しがなされるのである。第三者には申立適格がない。 *402*

#### b　異議の目的，範囲

保全異議の目的は，保全命令の取消しまたは変更にあるが，債務者は，異議申立ての対象範囲を保全命令の一部，解放金額，費用の裁判に局限しまたは手続中に拡張することができる。裁判所は，債務者の申立ての範囲を超えて保全命令の取消しまたは変更をしてはならない。 *403*

#### c　申立期間

保全異議には期間の定めがなく，保全命令が有効に存続している限り何時で *404*

も申し立てることができる。保全命令が債務者に送達される前でも，43条2項(52条1項で準用の場合も含む。)の執行期間が徒過した後でも，解放金(22条, 25条)の供託後でも，保全執行の取消後でも差し支えない。債務者敗訴の本案判決が確定した後でも，保全命令を発する要件たる保全の必要性が欠けていたとして保全異議を申し立てることが認められる。以上すべての場合において，不当な保全命令に基づく（例えば執行避止のため担保供与を余儀なくされたことによる）損害賠償の請求も考えられる。ただし，異議の申立が異常に遅い時期になされ，かつ，その時点では既に債権者においてもはや異議の申立てがあるまいと考えるのが合理的の場合には，裁判所は，信義則に基づく権利失効（Verwirkung）の法理の適用により，異議申立てを不適法と認めて却下することができる（*Stein/Jonas/Grunsky*, §924 Rdnr.11.; MünchKomm-*Heinze*, §924 Rdnr.9.）。

### d 放　棄

405　保全異議は，上訴ではないが，これに準じて（民訴法284条）異議権を放棄することができる。

### e 取下げ

406　保全異議の申立ては，何時でも債権者の同意なしに取り下げることができる（35条）。取下げの方式，債権者への通知は，規則の定めるところによる（規4条）。取下げは，再度の異議申立ての障碍とならない。

## 2　管　轄

407　保全異議事件は，保全命令を発した裁判所の管轄に専属する（26条，6条）。ただし裁判所は，当事者，尋問を受けるべき証人および審尋を受けるべき参考人の住所その他の事情を考慮して，著しい遅滞を避け，または当事者間の衡平を図るため必要があるときは，申立てによりまたは職権で，当該保全命令事件につき管轄権を有する他の裁判所に事件を移送することができる（28条）。

保全異議の申立てについての裁判は，決定であるが，判事補が単独ですることができない（36条―民訴法123条に対する例外）。

## 3 申立て

### a 方式

保全異議の申立ては，書面でしなければならない（規1条3号）。申立手数料の納付を要する（民訴費別表第1，17ハ）。　　408

申立書には，民事保全規則の定めるところに従い，(1)保全命令事件の表示，(2)債務者の氏名または名称および住所ならびに代理人の氏名および住所，(3)債権者の氏名または名称および住所，(4)申立ての趣旨および理由を記載しなければならない（規24条1項）。申立ての趣旨の記載は，保全命令の一部の取消しまたは変更を求める場合にあっては，その範囲を明示する（同条2項）。申立ての理由においては，保全命令の取消しまたは変更を求める事由を具体的に記載し，かつ，立証を要する事由ごとに証拠を記載しなければならない（同条3項）。ただし，上記規則の定めのうち申立ての理由の記載にかかる部分は，申立ての効力に関係のない訓示規定であると解する。

主張書面の提出，書証の申出，これらの写しの送付については，規則の定めるところによる（規25条，26条）。

### b 保全執行への影響

保全異議が申し立てられても，保全命令に基づく執行は，当然には停止されない。しかし，保全異議の申立てがあった場合において，裁判所は（抗告裁判所が保全命令を発した場合において，事件の記録が原裁判所に存するときはその裁判所も，また急迫の事情があれば裁判長も，），申立てにより，27条所定の厳格な要件の下に保全執行の停止等の仮の処分を命ずることができる（同条1項，2項，5項）。　　409

**(1)** 仮の処分が許されるのは，保全命令の取消しの原因となることが明らかな事情および保全執行により償うことができない損害を生ずるおそれがあることにつき疎明があったときに限る（同条1項）。実際上問題となるのは，債権者に暫定的満足を与える仮の地位を定める仮処分命令の場合だけであろう。この種の仮の処分は，しばしば債権者が保全命令で得た暫定的利益を事実上覆滅さ　　410

せるものであるから,裁判所が上記の要件具備を肯定するには特に慎重であることを要する。多くの事案において,債権者の事前審尋が望ましい。

*411* (2) 仮の処分は,申立人が事前に担保を立てるか担保を立てることを条件として命ずる。担保の額は,執行停止等により債権者が被るべき損害の全部を塡補するに足るものでなければならない(仮執行の宣言で定められる担保の額についてであるが,vgl. *Stein/Jonas/Münzberg*, §709 Rdnr.3〜5。実務では低額に過ぎる例が多いように思われる。)。

*412* (3) 仮の処分の内容は,保全異議についての決定において後記(4)の再審査に基づく裁判がなされるまで,担保を立てさせて,または担保を立てることを条件として,保全執行の停止または既往の執行処分の取消しを命ずることである(立法としては,債権者が担保を立てて停止を命ぜられた執行の続行を求めることも認むべきであったと考える(民執法10条6項,36条1項参照)。)。

*413* (4) 仮の処分は,保全異議についての決定があっても当然に失効するものでなく,この決定においては(保全命令の認可,変更,取消しのいずれの場合も),再審査により先行仮の処分の取消し,変更または(効力を存続させる趣旨の)認可を内容とする再度の仮の処分をしなければならない(27条3項。これをしないと,裁判の脱漏となる。)。

*414* (5) 仮の処分に対しては,不服を申し立てることができない(27条4項)。ただし,この不服申立禁止規定は,主として上級裁判所の判断を求める上訴の禁止を念頭に置いたもので,仮の処分にはこれを発した裁判所に対する自縛力がないから,同裁判所が,申立てにより(学説によっては職権をもってでも),これを取り消しまたは変更することを妨げないと解するのが正しい(Vgl. *Stein/Jonas/Münzberg*, §707 Rdnr.28, §769 Rdnr.18.; *Baumbach/Lauterbach/Hartmann*, §707 Rdnr.21.; 鈴木=三ケ月・注解民事執行法(1)649頁以下[鈴木])。

## 4 審　理

### a　口頭弁論，審尋

　裁判所は，口頭弁論または当事者双方が（民訴法94条の適式の呼出しを受けて）立ち会う機会を与えられた審尋の期日を経なければ，保全異議の申立てについての決定をすることができない（29条）。ここでの口頭弁論（3条—任意的口頭弁論）と審尋の手続の内容は，保全命令の申立段階でのそれと全く同一である（→118, 221, 350）。こうした経由が必要な期日は，審理の段階を問わず一回で足りると解されているが，運用上は，審理終結の日（31条）またはこれに接着した日であることが望ましい。

415

### b　当事者

　債務者が異議を申し立てても，債権者が原告的，債務者が被告的地位にあることは，保全命令申立段階と変わらない。

416

### c　審理の対象

　(1)　審理の対象は，保全命令の適法性である。21条により仮差押命令に表示された「特定の物」について，債務者に属するかどうか，差押禁止に抵触しないかどうか，特定の選択が当を得ているかどうかなどの問題は，執行手続の段階での審査事項であり，これを仮差押命令に対する異議の手続において論議すべきものではない（最高裁昭和32年1月31日判決・民集11巻1号188頁。ただし，この点については，異議の理由となると誤解する向きが甚だ多い。→226）。債務者が異議申立ての対象範囲を保全命令の一部，解放金額，費用の裁判に局限したときは，審理をその範囲にとどめる。異議に基づく裁判は，保全命令が発令時点で適法であったかではなく，現時点（正確には31条の審理終結時）でこれを発すべきものかどうかについてなされるのであるから，審理の対象範囲もこれによって定まる（したがって，事情変更による保全取消事件と審理の対象範囲が競合することもある。）。当事者双方は，本案請求権および保全の必要性に関し，保全命令後の事実関係についても主張および疎明を追完することができる。

417

(2) 債権者は，異議に基づく審理の段階でも，民訴法143条の準用により，本案請求権につき「請求の基礎」に変更がない限り，申立ての内容をなす本案請求権または保全の必要性を追加的または交換的に変更することができるどうかは，甚だ疑問である。異議後の裁判が必要的口頭弁論に基づく判決であった旧民事訴訟法（現行ドイツ民訴法も同じ）の下でも争われていたし（積極説：東京高裁昭和30年9月29日判決・高裁民集8巻7号519頁；*Thomas/Putzo/Reichold*, §925 Rdnr.1.；兼子・執行法311頁；沢・吉川還暦（上）384頁。異説：東京高裁昭和31年11月10日判決・高裁民集9巻11号682頁；西山・概論181頁；鈴木＝三ケ月・注解民事執行法(6)110頁［大石］），新法下で積極説を採ると，異議後の手続で必要的口頭弁論を経ずに発せられた新規の保全命令に対し，再度の保全異議の途が閉塞されることになるので，一層問題である（瀬木・民保法363頁以下参照）。しかし，通常の訴訟でも控訴審における訴えの変更が認められ，この場合被告が審級の利益を奪われているのであり，これと対照すると，甚だ疑問ではあるが，新法下の保全異議の手続においても，必要的口頭弁論は排されているが，決定前の口頭弁論または当事者双方立会可能の審尋の経由が保障されている（29条）から，積極説に賛成したい。

債権者が異議に基づく審理の段階で申立てを変更するということは，異議の対象となった保全命令とは別個の保全命令をあらたに申し立てることを意味する（本案請求権の流用による旧保全命令の効力維持は，認められない。→105-6）。いわゆる交換的変更は，さきの申立ての取下げを含むから，旧保全命令の失効をもたらす。交換的変更の場合も追加的変更の場合も，新規の申立てに係る審理と裁判は，その性質が保全命令の当否に関する事後審査たる本来の保全異議のそれではない。したがって裁判所は，保全命令の申立てを却下または棄却するか，新規に保全命令を発することになる。実務では，新規の発令でなく旧保全命令を認可している例が多いと思うが（前掲東京高裁昭和30年9月29日判決は，その例である。），誤りである。債権者の新規申立てを容れるには，これについて（申立変更前のものとは別に）口頭弁論または当事者双方尋問の期日の経由（29条）が必要と解すべきである。

### d 疎明

保全異議申立事件においても，事実の認定は，疎明による。疎明の概念，準拠手続，立証責任の分配についても，保全命令申立段階のそれと全く変わらない（→222-4）。

### e 審理の終結

裁判所は，審理を終結するには，相当の猶予期間を置いて，審理を終結する日を決定しなければならず，ただし，口頭弁論または当事者双方が立ち会うことができる審尋の期日においては，直ちに審理を終結する旨を宣言することができる（31条）。この審理終結時は，当事者の攻撃防御方法の提出期限を画し，38条による保全取消しの要件をなす「事情の変更」の基準時となる（→457）。

## 5 裁 判

### a 保全命令の認可，変更，取消し

保全異議の申立てが不適法であれば，却下決定をするが，適法であれば，保全命令を認可し，変更し，または取り消す決定をすることになる（32条1項）。これらの決定には理由を付することと当事者への送達が必要である（32条4項）。

(1) 認可決定は，保全命令の全部または一部を相当として維持する裁判であって，その際には異議申立ての棄却を宣言する必要はない。

(2) 変更決定は，債務者に有利な方向で，相続の限定承認をした債務者に対する仮差押命令の対象を相続財産に限定したり，仮処分命令に記載の仮処分の方法（24条）に変更を加えたり，解放金額の引下げを施したり，32条2項に従い，相当と認める一定の期間内に債権者が，保全命令では命じていない担保をあらたに立て，または保全命令表示の担保に増額を施し，相当と認める一定の期間内に債権者がその増額部分につき担保を立てることを保全執行の実施または続行の条件とする旨を定めたりする裁判である。同条項による立担保を保全執行続行の条件とする旨の裁判があったときは，債権者は，同条項により定められた期間内に担保を立てたことを証する書面をその期間の末日から1週間内

に保全執行裁判所または執行官に提出しなければならない（44条1項）。この書面が提出されず，債務者が32条2項の裁判の正本を提出したときは，保全執行裁判所または執行官は，既往の執行処分を取り消さねばならず（同条2項），この取消処分は，即時に効力を生ずる（同条3項）。

424　　(3) 取消決定は，保全命令の全部または一部を不相当として取り消す裁判である。これには，取消しによって債権者に生ずべき損害の担保を債務者が立てることの条件を付することができる（32条3項）。決定には，当該保全命令の申立てを却下または棄却する裁判を随伴させる。取消決定は，送達（32条4項, 17条）によって効力を生じ，保全執行の停止，取消しに繋がることになる（46条, 民執法39条1項1号, 40条1項）。ただし，取消決定が保全抗告に服するときは（34条但, 41条1項），裁判所は，取消決定において，抗告期間（債権者が送達を受けた日から2週間）を超えない範囲内で相当と認める一定の期間を経過しなければその決定が効力を生じない旨を宣言することができる（34条本文）。

425　　(4) 異議の対象となった保全命令がいかなる本案請求権に基づき発せられたのかを，保全命令の記載からもその申立てに照らしても認識することができないときは（現下の放漫な実務では稀でないと思われる。），その瑕疵を異議手続の段階での釈明等で補正して保全命令の効力を維持する余地はなく，当該保全命令を取り消すほかはないものと解する。

### b　訴訟費用の裁判

426　　異議申立てについての決定には，民事訴訟法61条以下に所定の準則に従い訴訟費用の裁判を掲げなければならない（この点は，実務でも一応遵守されているが，異議申立前の保全命令で費用の裁判を脱漏している（→239）から，異議申立てについての決定に掲げた費用の裁判の意味内容が曖昧になっている。正しくは，厳格に後記本文のとおり裁判すべきである。）。保全命令認可の場合は，異議申立後の費用について負担の裁判をするが（その前の費用の裁判については→239。なお，民執法363条1項, 379条2項参照），その余の場合は，保全訴訟の総費用について負担の裁判をする（民訴法67条2項の準用）。

## c　原状回復の裁判

仮処分命令に基づき，債権者が物の引渡しもしくは明渡しもしくは金銭の支払いを受け，物の使用もしくは保管をしているときは，裁判所は，債務者の申立てにより，保全異議の申立てについての決定において，債権者に対し，これらの物や金銭の返還を命ずることができる（33条）。　　　　　　　　　　　　　　427

(1)　原状回復の裁判に関する33条所定の許容要件が具備していても，現実に原状回復を命ずるかどうかは，その命ずる範囲を含めて裁判所の裁量に属する。　428

(2)　原状回復の裁判は，保全異議の申立てについての決定の中でこれに附随してするのが原則である。ただし，33条の文言には若干そぐわないが，原状回復の点につき裁判をするのに熟しないときは，これを後日に留保し，一部判決（民訴法243条2項）に準じて仮処分命令を取り消すにとどめることを妨げぬものと解したい（Vgl. MünchKomm-Krüger, §717 Rdnr.27.）。　　　　　　　　　　　　　429

(3)　原状回復の裁判を求める債務者の申立ては，保全異議についての決定において問題の仮処分命令が認可されることを解除条件とするものと解されるから，仮処分命令を認可する決定においては，申立てに対する裁判を要しない。　430

(4)　原状回復義務は，その発生に債権者の故意または過失を必要とせぬ一種の危険責任である（Vgl. Stein/Jonas/Münzberg, §717 Rdnr.9.; Hellwig/Oertmann, System des Deutschen Zivilprozeßrechts 2.Teil S.178f.; Gaul/Schilken/Becker-Eberhard, §15 Rdnr.7, 8.）。もっとも，これと性質が類似している民事訴訟法260条2項（ドイツ民訴法717条2項）の現状回復請求権については，短期消滅時効に関する民法724条（ドイツ民法852条）の規定の類推適用を肯定するのがドイツの判例，通説である（Stein/Jonas/Münzberg, §717 Rdnr.24.）。原状回復請求に対し，債権者は，弁済，取消し，相殺その他の実体法上の抗弁をもって対抗することができる。ただし，保全命令の基礎となった被保全債権を自働債権とする相殺の主張は，本来の相殺の抗弁でなく，原状回復請求権がもともと存在していなかったことの主張と解される（Vgl. Baur, Fälle und Lösungen zum Zwangsvollstreckungs-Konkurs- und Vergleichsrecht 2.Aufl. S.9ff.; Gaul/Schilken/Becker-Eberhard, §15 Rdnr.21.；戸根・民商81巻5号696頁以下）。　　　　　　　　　　　　　　　　　　431

432　(5)　原状回復の裁判に必要な事実の認定については，疑問であるが，疎明で足りるとする規定はないから，証明によるべきものと解する。

433　(6)　原状回復の裁判は，そこに表示の給付につき債務名義となる（民執法22条3号）。その執行は，保全執行ではないから，民事執行法所定の手続の一般原則による。

## §Ⅱ　本案の訴えの不提起等による保全取消し

434　37条により，保全命令を発した裁判所は，債務者の申立てにより，債権者に対し，相当と認める一定の期間内における本案の訴えの提起とその提起証明書の提出または提起済本案訴訟の係属証明書の提出を命じ，この期間を徒過したときは，債務者の申立てにより，保全命令を取り消さなければならない。

### 1　本案の起訴等の命令

#### a　申立て

435　37条1項に基づく期間設定，本案の起訴等の命令申立ては，保全命令が効力を存続している限り許される。保全命令の発令を予定して事前に申し立てることも妨げず，この場合，保全命令自体の中で同条項に基づく期間設定，本案の起訴等の命令を掲げることができる。

申立ては，保全異議の申立書と同じ要件を記載した書面でしなければならない（規28条）。

#### b　審理と裁判

436　(1)　申立てについては，保全命令を発した裁判所が専属管轄権を有する。裁判は，口頭弁論の経由を要せず（3条）決定をもってする。裁判の告知については明文の規定を欠くが，申立てを排斥した決定は，債務者に送達し，認容した決定は，債権者には送達し，債務者には相当と認める方法（民訟法119条）で

告知すべきである。

　(2)　審理の対象は，原則として申立ての形式的適法性に限られ，申立ての要件が具備しておれば直ちに期間設定，本案の起訴等の命令を発すべきである。しかし，例外的に本案訴訟が明らかに実効性を欠く場合は，その提起を強制する意味がないから，申立てを不適法として却下するのが正しい (Stein/Jonas/Grunsky, §926 Rdnr.7.; MünchKomm-Heinze, §926 Rdnr.10.)。その例としては，既に本案訴訟が係属しているか，本案訴訟が判決の確定で終了しているとき，債権者が既に本案の債務名義を有し，訴えが権利保護の必要性を欠くとき (以上いずれも債権者の立証責任事項)，本案請求権が，債務者の弁済，不作為義務が存続していた期間の満了，仮処分で命ぜられた意思表示の擬制の効果の発生，当事者間の裁判外の合意などで既に消滅に帰しているとき，などが挙げられる。債務者が申立権を放棄したときも，申立てが不適法になる。 437

　(3)　本案の起訴等を命ずる際には，裁量をもって相当と認める2週間以上の一定の猶予期間を掲げることを要し (37条1項，2項)，この期間は，命令が債権者に送達された日の翌日から起算される。 438

　(4)　本案の起訴等を命じた裁判に対しては，債権者が不服を申し立てることはできない。この命令の申立てを排斥した裁判に対しては (高等裁判所がその裁判をした場合を除き)，債務者が通常抗告をすることができる (民訴法328条1項)。 439

## 2　本案訴訟の提起

### a　本案の訴え

　(1)　37条1項の命令を受けて提起すべき本案の訴えは，保全命令の基礎となった本案請求権自体を訴訟物とするものであることを要する。訴訟物が異なれば，両者の間に請求の基礎 (民訴法143条1項) の同一性が認められても，同条項の要件を充たさない (ただし判例，通説は，最高裁昭和26年10月18日判決・民集5巻11号600頁をはじめとし，反対である。→106)。本案請求権が条件付または期限付で (20条2項，23条3項) 将来の給付の訴え (民訴法135条) の要件を充たさぬと 440

きは，確認の訴えでも差し支えない。

441　(2)　承継執行文の付与の申立て（民執法27条2項）も，37条1項の本案の訴えの提起に準ずる。支払督促の申立て（民訴法383条）も，訴えの提起に移行する可能性がある（民訴法395条）から37条1項の要件を充たすものと解する。外国裁判所への訴えの提起も，内国で判決の効力の承認が得られるのであれば，内国裁判所への訴えの提起に準ずる。訴え提起前の和解の申立て（民訴法275条）は，当事者双方のあらたな申立てがなければ訴訟への移行があり得ないから，37条1項の要件を充たさない。

442　(3)　調停前置主義（家審法18条1項）の適用がある人事，家庭関係訴訟事件では，家庭裁判所に対する調停の申立てが，本案につき仲裁契約（公示催告・仲裁法786条）があるときは，仲裁手続の開始の手続が，本案が労働審判法1条に規定する事件であるときは，地方裁判所に対する労働審判手続の申立てが，本案が公害紛争処理法2条所定の公害に係る被害についての損害賠償請求事件であるときは，同法42条の12第1項に規定する責任裁定の申請が本案の訴えの提起とみなされる（37条5項）。ただし，これらの手続が調停の成立，労働審判，仲裁判断または責任裁定（公害紛争処理法42条の24，2項の当事者間の合意の成立を含む。）によらないで終了したときは，債権者は，その終了の日から裁判所が起訴命令で定めた猶予期間と同一期間内に本案の訴えを提起しなければならない（37条6項）。

443　(4)　債権者による本案の提起や37条1項所定の書面の提出が起訴命令で定められた期間の経過後であっても，同条3項の保全命令取消しの申立てに対する裁判の前に行われておれば，同条項を適用して保全命令を取り消すことはできないと解するのが，判例，通説である（大審院大正9年5月12日判決・民録26輯661頁；同昭和10年1月25日判決・民集14巻1号39頁。異説：吉川・研究330頁以下，判例507頁以下）。しかし，一旦期間徒過の要件が満たされて保全命令が取り消されたときは，その後に訴えを提起して，このことを保全抗告の手続で主張しても，採り上げることができないものと解すべきであろう（*Stein/Jonas/Grunsky*, §926 Rdnr.12.; *MünchKomm-Heinze*, §926 Rdnr.21.；兼子・強制執行314頁。反対：最高裁昭

和23年6月15日判決・民集2巻7号148頁)。

(5) 債権者が提起した本案の訴えが取り下げられ,または不適法として却下されると,提出済みの37条の書面も不提出とみなされ,起訴命令で所定の期間を遵守したことにならない(同条4項)。

**b 当事者**

本案の訴えの提起は,保全命令に表示の債権者からを原則とするが,保全命令の効力を援用し得る承継人や破産管財人からでもよい。

## 3 保全命令の取消し

**a 申立て**

(1) 37条3項による保全取消しの申立ては,保全異議の申立書の同じ要件を記載した書面でしなければならない(規29条,24条)。申立手数料の納付を要する(民訴費別表第1,17ハ)。

主張書面の提出,書証の申出,これらの写しの送付については,規則の定めるところによる(規29条,25条)。

(2) 保全取消しが申し立てられても,保全命令に基づく執行は,当然には停止されない。しかし,保全取消しの申立てがあった場合において,裁判所は,別途の申立てにより,保全執行の停止等の仮の処分を命ずることができる(40条,27条1項,2項,5項)。仮の処分の要件,内容,効力等は,保全異議の申立てに附随する仮の処分のそれと同じである(→409-14)。

(3) 問題となる本案訴訟が明らかに実効性を欠く場合は,その提起を強制する意味がないから,37条1項の本案起訴命令等申立てと同様(→437),同条3項の保全取消しの申立ても,不適法として却下するのが正しい(*Stein-Jonas-Grunsky*, §926 Rdnr.17.; MünchKomm-*Heinze*, §926 Rdnr.26.)。

(4) 保全取消申立ての取下げには債権者の同意を要しない(40条1項,35条)。

**b 管　轄**

保全取消申立事件につき管轄権を有するのは,当該保全命令を発した裁判所

である。保全命令却下または棄却決定に対する抗告裁判所が保全命令を発したときも，例外でない。ただし，裁判所は，当事者，尋問を受けるべき証人および審尋を受けるべき参考人の住所その他の事情を考慮して，保全異議事件の場合と同様の要件で，裁量をもって事件を他の裁判所に移送することができる（40条，28条）。

保全異議の場合と同様，保全取消しの申立てについての裁判は，判事補が単独ですることができない（40条，36条）。

### c 審理

451　裁判所は，口頭弁論または当事者双方が（民訴法94条の適式の呼出しを受けて）立ち会う機会を与えられた審尋の期日を経なければ，保全取消しの申立てについての決定をすることができない（40条，29条）。裁判所は，審理を終結するには，相当の猶予期間を置いて，審理を終結する日を決定しなければならず，ただし，口頭弁論または当事者双方が立ち会うことができる審尋の期日においては，直ちに審理を終結する旨を宣言することができる（40条1項，31条）。

### d 裁判

452　**(1)** 保全命令取消しの申立てに対しては，決定で裁判をする。決定には理由を付することと当事者への送達が必要である（37条8項）。

453　**(2)** 保全命令を取り消す決定には，保全命令申立却下の裁判も掲げる。取消決定は，送達（37条8項，17条）によって効力を生じ，保全執行の停止，取消しに繋がることになる（46条，民執法39条1項1号，40条1項）。ただし，取消決定が保全抗告に服するときは（40条1項，34条但，41条1項），裁判所は，取消決定において，抗告期間（債権者が送達を受けた日から2週間）を超えない範囲内で相当と認める一定の期間を経過しなければその決定が効力を生じない旨を宣言することができる（40条1項，34条本文）。

454　**(3)** 申立てについての決定には，民事訴訟法61条以下に所定の準則に従い訴訟費用の裁判を掲げなければならない。保全命令を取り消すときは，保全命令申立て以降の総費用を債権者に負担させ（民訴法67条2項の準用），申立てを認容しないときは，37条1項の本案起訴命令等申立以降の総費用を申立人に負担さ

せる（*Stein/Jonas/Grunsky*, §926 Rdnr.18.）。

**(4)** 仮処分命令に基づき，債権者が物の引渡しもしくは明渡しもしくは金銭の支払いを受け，物の使用もしくは保管をしているときは，裁判所は，債務者の申立てにより，保全取消しの申立てについての決定において，債権者に対しこれらの物や金銭の返還を命ずることができる（40条1項，33条）。これについては，保全異議に基づき仮処分命令を取り消す場合（→427-33）と同じである。 *455*

## §Ⅲ 事情の変更による保全取消し

38条1項により，保全すべき権利もしくは権利関係または保全の必要性の消滅その他の事情の変更があるときは，保全命令を発した裁判所または本案の裁判所は，債務者の申立てにより，保全命令を取り消すことができる。 *456*

### *1* 事情の変更

#### a 概 説

38条1項による保全命令取消しの原因たる事情の変更とは，保全命令の要件をなす本案請求権（保全すべき権利もしくは権利関係）と保全の必要性のいずれかが，保全命令時（保全異議についての裁判を経たときは31条の審理終結日）以後に存在しなくなったことである。それ以前から保全命令が不当であったという事情は，本来保全異議の事由になるにすぎない。ただし，保全命令を不当とする事情がその前から存在していたが，このことを債務者が保全命令後に知ったのであれば，これを同条項の事情変更による保全命令取消申立事件で主張することは，妨げない（→482）。判例の変更で保全命令の正当性を維持し難くなったことも，事情変更の一種である。 *457*

#### b 本案請求権に関する事情変更

本案請求権に関する事情変更は，主として本案請求権の全部または一部が保 *458*

全命令後に弁済，解除，相殺等により消滅したときに生ずる。本案請求権の譲渡は，債権者の地位の承継をもたらすだけで（43条1項但参照），保全命令の取消原因たる事情変更にならない。本案訴訟において債権者が敗訴した場合，その判決の確定が事情変更になることは当然であるが，未確定でも上級審で判決の変更があるとは容易に想定されないときは，事情変更を認めて差し支えない（最高裁昭和27年11月20日判決・民集6巻10号1008頁）。本案請求権を理由あらしめる事由が複数あるときは，保全命令がいずれの事由に基づき発せられたにせよ，すべての事由が解消しなければ事情変更とならない。これに反し，保全命令に掲げた本案請求権の消滅が認められるときは，その代わりに（例えば損害賠償請求権のような）他の請求権が成立し，両者が経済的に等価値で，さらに給付内容を同一にしていても，事情変更により保全命令を取り消すべきである（*Stein/Jonas/Grunsky*, §927 Rdnr.6.; MünchKomm-*Heinze*, §927 Rdnr.6.; *Walker* in *Schuschke-Walker*, §927 Rdnr.12.このように権威のある学説が本文記載の見解で一致しているのは，保全命令につき，日本法における「請求の基礎」の同一のような訴えの変更の許容基準で本案請求権の流用を認める見解（→106）が，論外とされているためである。なお，上田・吉川還暦記念（下）860頁以下参照）。

### c　保全の必要性に関する事情変更

459　この点に関する事情変更の例は，保全命令の後に，債務者が国内に十分な財産を有するに至ったこと，債務者が十分な担保を提供したこと（旧民訴法747条1項後段参照），債権者が本案請求権の存在を既判力を伴って肯定した債務名義を取得したこと（*Stein/Jonas/Grunsky*, §927 Rdnr.8a.），保全執行の期間が徒過したこと（43条2項），保全異議についての決定で定められた保全執行の実施または続行のための立担保の期間が徒過したことなどである。

## 2　保全命令の取消し

### a　申立て

460　(1) 事情変更による保全取消申立ての適格者は，債務者，その承継人または

債務者の財産にかかる破産管財人に限られる。

(2) 保全取消しの申立ては，保全異議の申立書の同じ要件を記載した書面でしなければならない（規29条，24条）。申立手数料の納付が必要である（民訴費別表第1，17ハ）。主張書面の提出，書証の申出，これらの写しの送付については，規則の定めるところによる（規29条，25条）。 461

(3) 保全取消しが申し立てられても，保全命令に基づく執行は，当然には停止されない。しかし，保全取消しの申立てがあった場合において，裁判所は，別途の申立てにより，保全執行の停止等の仮の処分を命ずることができる（40条，27条1項，2項，5項）。仮の処分の要件，内容，効力等は，保全異議の申立てに附随する仮の処分のそれと同じである（→409-14）。 462

(4) 申立ての取下げには債権者の同意を要しない（40条1項，35条）。 463

**b 管　轄**

事情変更による保全取消申立事件については，申立時点で本案訴訟が係属しておればその本案の管轄裁判所（本案係属の審級との関係については→209）または保全命令を発した裁判所が，本案の係属がなければ保全命令を発した裁判所が，いずれも専属管轄権を有する（38条1項，6条）。 464

申立てについての裁判は，判事補が単独ですることができない（40条1項，36条）。

**c 審　理**

裁判所は，口頭弁論または当事者双方が（民訴法94条の適式の呼出しを受けて）立ち会う機会を与えられた審尋の期日を経なければ，保全取消しの申立てについての決定をすることができない（40条1項，29条）。裁判所は，審理を終結するには，相当の猶予期間を置いて，審理を終結する日を決定しなければならず，ただし，口頭弁論または当事者双方が立ち会うことができる審尋の期日においては，直ちに審理を終結する旨を宣言することができる（40条1項，31条）。 465

保全取消しの原因たる事情変更の有無の認定は，疎明による（38条2項）。

**d 裁　判**

(1) 保全命令取消しの申立てに対しては，決定で裁判をする。決定には理由 466

を付することと当事者への送達が必要である (38条3項)。

467　(2)　保全命令取消しの申立てが不適法のときは，これを却下し，適法であるが理由がないときは，これを棄却する。申立てを一部認容して保全命令に変更を施し，相続の限定承認をした債務者に対する仮差押命令の対象を相続財産に限定したり，32条2項の準用で，債権者の立担保を保全執行の実施または続行の条件とする旨を定めることもできる (38条3項)。同条項による立担保を保全執行続行の条件とする旨の裁判があり，債権者がその立担保を証する書面を執行機関に提出することを怠った場合の効果は，保全異議についての裁判の場合と同じである (同条3項，32条2項，3項，44条。→423)。申立てを全面的に認容するときは，保全命令を取り消すことになるが，この決定にも，32条3項の準用で，取消しによって債権者に生ずべき損害の担保を債務者が立てることの条件を付することができる (38条3項)。取消決定には原則として保全命令申立却下または棄却の裁判を掲げないが，保全命令が当初から不当であったとして取り消す場合は，この裁判を随伴させる。取消決定は，送達 (38条3項，17条) によって効力を生じ，直ちに保全執行の停止，取消しに繋がることになる (46条，民執法39条1項1号，40条1項)。ただし，取消決定が保全抗告に服するときは (40条1項，34条但，41条1項)，裁判所は，取消決定において，抗告期間 (債権者が送達を受けた日から2週間) を超えない範囲内で相当と認める一定の期間を経過しなければその決定が効力を生じない旨を宣言することができる (40条1項，34条本文)。

468　(3)　申立てについての決定には，民事訴訟法61条以下に所定の準則に従い訴訟費用の裁判を掲げなければならない。裁判の対象となる費用は，原則として申立以後のそれであるが，保全命令が当初から不当であったとして取り消すときは，保全命令申立て以降の総費用を債権者に負担させる (民訴法67条2項の準用)。

469　(4)　仮処分命令に基づき，債権者が物の引渡しもしくは明渡しもしくは金銭の支払いを受け，物の使用もしくは保管をしているときは，裁判所は，債務者の申立てにより，保全取消しの申立てについての決定において，原状回復の裁

判をすることができる (40条1項, 33条)。これについては, 保全異議に基づき仮処分命令を取り消す場合 (→427-33) と同じである。

## §Ⅳ 特別の事情による保全取消し

39条1項により, 仮処分命令により償うことができない損害を生ずるおそれがあるときその他の特別の事情があるときは, 仮処分命令を発した裁判所または本案の裁判所は, 債務者の申立てにより, 担保を立てることを条件として仮処分命令を取り消すことができる。

470

### 1 特別の事情

39条による仮処分命令の取消原因たる「特別の事情」の典型例は, 同条の掲げる「仮処分命令により償うことができない損害を生ずるおそれがあるとき」である。これは, 債務者の事業続行が決定的に挫折したり, 緊急の大工事が続行不能に陥るときなどをいうが, 特別事情の存在を肯定するためには, 仮処分命令が取り消された場合に予測される債権者側の損害とを慎重に比較衡量しなければならない。上記例示以外のいかなる場合が特別事情に当たるかは, 多分に疑問であるが, 本案請求権の性質に照らし, 仮処分命令が取り消されても債権者が金銭的補償を得れば救済される場合で, 25条の仮処分解放金が許されるとき (→353) とほぼ同じと解すべきであろう。

471

### 2 仮処分命令の取消し

#### a 申立て

(1) 特別事情による仮処分命令取消申立ての適格者は, 債務者, その承継人または債務者の財産にかかる破産管財人に限られる。

472

473　(2)　仮処分命令取消しの申立ては，保全異議の申立書と同じ要件を記載した書面をもってする（規29条，24条）。申立手数料の納付を要する（民訴費別表第1，17ハ）。

　　主張書面の提出，書証の申出，これらの写しの送付については，規則の定めるところによる（規29条，25条）。

474　(3)　仮処分命令取消しが申し立てられても，仮処分執行は，当然には停止されない。しかし，仮処分命令取消しの申立てがあった場合において，裁判所は，別途の申立てにより，仮処分執行の停止等の仮の処分を命ずることができる（40条，27条1項，2項，5項）。仮の処分の要件，内容，効力等は，保全異議の申立てに附随する仮の処分のそれと同じである（→409-14）。

475　(4)　申立ての取下げには債権者の同意を要しない（40条1項，35条）。

### b　管　轄

476　特別事情による仮処分命令取消申立事件については，申立時点で本案訴訟が係属しておればその本案の管轄裁判所（本案係属の審級との関係については→209）または保全命令を発した裁判所が，本案の係属がなければ保全命令を発した裁判所が，いずれも専属管轄権を有する（39条1項，6条）。

　　申立てについての裁判は，判事補が単独ですることができない（40条1項，36条）。

### c　審　理

477　裁判所は，口頭弁論または当事者双方が（民訴法94条の適式の呼出しを受けて）立ち会う機会を与えられた審尋の期日を経なければ，保全取消しの申立てについての決定をすることができない（40条1項，29条）。裁判所は，審理を終結するには，相当の猶予期間を置いて，審理を終結する日を決定しなければならず，ただし，口頭弁論または当事者双方が立ち会うことができる審尋の期日においては，直ちに審理を終結する旨を宣言することができる（40条1項，31条）。

　　仮処分命令取消しの原因たる特別事情の有無の認定は，疎明による（39条2項）。

#### d 裁　判

**(1)** 仮処分命令取消しの申立てに対しては，決定で裁判をする。決定には理由を付することと当事者への送達が必要である（39条3項）。　*478*

**(2)** 仮処分命令取消しの申立てが不適法のときは，これを却下し，適法であるが理由がないときは，これを棄却し，申立てを認容するときは，裁判所が裁量で定めた額の担保を申立人が立てることを条件として仮処分命令を取り消すことになる。取消決定には仮処分命令申立却下または棄却の裁判を掲げない。取消決定は，送達（39条3項，17条）によって効力を生じ，直ちに保全執行の停止，取消しに繋がることになる（46条，民執法39条1項1号，40条1項）。ただし，取消決定が保全抗告に服するときは（40条1項，34条但，41条1項），裁判所は，取消決定において，抗告期間（債権者が送達を受けた日から2週間）を超えない範囲内で相当と認める一定の期間を経過しなければその決定が効力を生じない旨を宣言することができる（40条1項，34条本文）。　*479*

**(3)** 申立てについての決定には，民事訴訟法61条以下に所定の準則に従い訴訟費用の裁判を掲げる。裁判の対象となる費用は，申立以後のそれである。　*480*

**(4)** 仮処分命令に基づき，債権者が物の引渡しもしくは明渡しもしくは金銭の支払いを受け，物の使用もしくは保管をしているときは，裁判所は，債務者の申立てにより，仮処分命令取消申立てについての決定において，原状回復の裁判をすることができる（40条1項，33条）。これについては，保全異議に基づき仮処分命令を取り消す場合（→427-33）と同じである。　*481*

## §Ⅴ　救済方法の競合

**(1)** 民事保全法は，26条，37条ないし39条において，債務者が保全命令の取消しまたは変更を求めるにつき，保全異議の申立て，本案の訴えの不提起等による申立て，事情の変更による申立て，特別の事情による申立てと，複数の態様の救済方法を認めているため，具体的案件において，準拠し得る要件を具え　*482*

た救済方法が複数競合することがある。この場合債務者は，いずれの方法の申立てをするかについて選択権を有する。

483　(2)　同じ取消原因を複数の救済方法の中で主張することが認められている場合 (その例は→417, 457)，債務者が一旦一つの救済方法を選択して保全命令の取消しを申し立てると，その救済方法の手続内で主張し得るすべての取消原因につき，他の救済方法による保全命令取消の申立てが重複申立ての禁止に触れ許されなくなる (民訴法142条の準用。*Stein/Jonas/Grunsky*, §924 Rdnr.5, 6. ただし *Gaul/Schilken/Becker-Eberhard*, §77 Rdnr.16 は，同じ結論を権利保護の必要性の欠如に求める。)。また，債務者の選択した救済方法による保全命令取消申立ての棄却決定が確定すると，既判力の作用で，その手続内で主張することができた取消原因に基づいては (具体的に主張していなくても)，他の救済方法による保全命令取消の申立てが許されなくなる (*Stein/Jonas/Grunsky*, a.a.O.)。

## §VI　保全抗告

484　保全抗告は，保全異議または保全取消しの申立てについての裁判に対して認められる上訴である。

### 1　保全抗告に服する裁判

485　(1)　保全抗告に服する裁判は，保全異議または保全取消しの申立てについてのそれであれば，申立却下，棄却，認容のいずれであるかを問わず，裁判長の申立書却下命令も含まれる (41条1項本文)。ただし，高等裁判所がしたこれらの裁判に対しては，保全抗告をすることができない (裁判所法7条2号)。抗告裁判所が発した保全命令に対する保全異議の申立てについての裁判に対しても，保全抗告が許されない (41条1項但)。

486　(2)　保全異議または保全取消しの申立てを容れて仮処分命令を取り消す決定

においてなされた原状回復の裁判（33条，40条）も，保全抗告に服する（41条1項本文）。ただし，この裁判が仮処分命令取消決定中でなされている限り（→429），上訴不可分の原則が働くから，前者だけを抗告の対象とすることはできない。原状回復命令の申立てを排斥した裁判が保全抗告に服するかどうかについては，41条の文言が曖昧で，説は分かれているが，積極に解したい（原状回復の裁判が裁判所の裁量事項であることは，消極説の論拠となり得ない。）。

## 2 手　続

### a 申立て

(1)　保全抗告の申立権者は，保全異議または保全取消しの申立てについてなされた裁判に不服がある者で，その裁判の内容に従い債権者の場合と債務者の場合とがある。

(2)　申立期間は，抗告の対象となる裁判の送達を受けた日から2週間の不変期間である（41条1項―民訴法332条に対する特則）。

(3)　保全抗告の申立ては，保全異議の申立書の同じ要件を記載した書面でする（規30条，24条）。申立手数料の納付が必要である（民訴費別表第1, 18(3)）。

　主張書面の提出，書証の申出，これらの写しの送付については，規則の定めるところによる（規30条，25条）。

(4)　保全抗告については，再度の考案（民訴法333条）の手続が排除され，抗告を受けた原裁判所は，抗告の理由の有無につき判断しないで，事件を抗告裁判所に送付しなければならない（41条2項）。

(5)　保全抗告が申し立てられても，保全執行は，当然には停止されない。しかし，保全抗告の申立てがあった場合において，抗告裁判所または事件の記録が原裁判所に存するときの原裁判所は，別途の申立てにより，保全停止等の仮の処分を命ずることができる（41条4項，5項，27条1項，2項，5項）。仮の処分の要件，内容，効力等は，保全異議の申立てに附随する仮の処分のそれと同じである（→409-14）。

492　(6)　保全命令を取り消す決定に対して保全抗告があった場合において，原決定の取消しの原因となることが明らかな事情およびその命令の取消しにより償うことができない損害を生ずるおそれがあることにつき疎明があったときに限り，抗告裁判所は（事件の記録が原裁判所に存するときに原裁判所，急迫の事情があるときに裁判長も），申立てにより，保全抗告についての裁判をするまでの間，担保を立てさせて，または担保を立てることを条件として原決定の効力の停止を命ずることができる（42条1項，2項）。この効力停止の仮の処分に対しては，不服を申し立てることができない（42条2項）。

### b　審　理

493　抗告裁判所は，口頭弁論または当事者双方が（民訴法94条の適式の呼出しを受けて）立ち会う機会を与えられた審尋の期日を経なければ，保全抗告の申立てについての決定をすることができない（41条2項，29条）。裁判所は，審理を終結するには，相当の猶予期間を置いて，審理を終結する日を決定しなければならず，ただし，口頭弁論または当事者双方が立ち会うことができる審尋の期日においては，直ちに審理を終結する旨を宣言することができる（41条2項，31条）。

### c　裁　判

494　(1)　保全抗告の申立てに対しては，決定で裁判をする。決定には理由を付し，当事者に送達することが必要である（41条4項，16条本文，17条）。

495　(2)　保全抗告の申立てが不適法のときは，これを却下し，適法であるが原裁判が正当であれば，抗告を棄却する。申立てを認容するときは，原裁判の全部または一部を取り消し，さらに原裁判と取消理由の内容に従い，自判，原審差戻しまたは移送の決定をする。抗告裁判所は，保全命令を維持する決定において，相当と認める一定の期間内に債権者が保全命令では命じていない担保をあらたに立て，または保全命令表示の担保に増額を施し，相当と認める一定の期間内に債権者がその増額部分につき担保を立てることを保全執行の実施または続行の条件とする旨を定めることができる（41条4項，32条2項）。また抗告裁判所は，保全命令を取り消す決定において，債務者が担保を立てることの条件を付することができる（41条4項，32条3項）。

(3) 申立てについての決定には，民事訴訟法61条以下に所定の準則に従い訴訟費用の裁判を掲げる。 496

(4) 仮処分命令に基づき，債権者が物の引渡しもしくは明渡しもしくは金銭の支払いを受け，物の使用もしくは保管をしているときは，抗告裁判所は，債務者の申立てにより，仮処分命令取消申立てについての決定において，原状回復の裁判をすることができる（41条4項，33条）。これについては，保全異議に基づき仮処分命令を取り消す場合（→427-33）と同じである。 497

(5) 保全抗告についての裁判に対しては，再抗告をすることができない（41条3項）。 498

(6) 抗告をすることができる裁判が確定したときは，その裁判に対し準再審の途がある（41条4項，民訴法349条）。 499

# 第2部

# 民事保全の執行手続（保全執行）

# 第 5 章　保全執行総論

## §I　強制執行に関する規定の原則的適用

(1)　民事保全法上の仮差押え，仮処分の執行（保全執行）は，保全命令を債務名義とする一種の強制執行である。それは，保全命令の申立てとは截然区別される債権者の書面による申立てによりなされ（2条2項，規1条6号），内容的にも民事執行法上の強制執行（本執行）に近似しており，保全執行が同一性を保ちつつ本執行に転移する場合も多い（→621-3）。それで，46条には保全執行に準用される民事執行法第1章，第2章第1節の強制執行に関する総則規定が個別的に列挙されているが，極めて広範であり，むしろ原則的準用に近い。これに対応し，民事執行規則の多くの規定も保全執行に準用される（規31条）。

(2)　民事保全の執行機関は，保全執行裁判所（裁判所が行う保全執行に関しては民事保全法の規定により執行処分を行うべき裁判所，執行官が行う保全執行処分に関してはその執行官の所属する地方裁判所—専属管轄）または執行官である（2条2項，3項）。保全執行は，内容的に本執行に近似しており，両者の手続を関連接続させることが合理的であるため，おおむね対応する本執行の執行機関と同一に設定されている。

(3)　高等裁判所が保全執行裁判所としてした保全執行に対する第三者異議の訴えは，仮差押執行の目的物または係争物の所在地を管轄する地方裁判所が管轄する（45条—民執法38条3項に対する特則）。

(4)　保全執行は，債務名義たる保全命令の基本となった本案請求権につき，本執行と等しく消滅時効中断の原因となる（民法147条2号。保全命令の申立てに

第2部　民事保全の執行手続（保全執行）

は時効中断効が否定されることにつき，→220）。時効中断の始期については異説もあるが（執行着手時説：大審院大正13年5月20日判決・民集3巻203頁；鳩山・法律行為乃至時効640頁；同・日本民法総論609頁；松岡・保全訴訟要論110頁。執行機関が執行官のときは執行着手時，裁判所のときは執行申立時とする説：大審院昭和13年6月27日決定・民集17巻1324頁；有泉・判民昭和13年度83事件評釈；川島編・注釈民法(5)116頁［川井］），近時の判例，通説に従い，執行機関が執行官のときでも裁判所のときでも，保全執行が開始すれば，債権者がその執行を申し立てた時に遡って中断効を生ずるものと解する（最高裁昭和59年4月24日判決・民集38巻6号687頁；我妻・総則469頁；川島・総則497頁；BGH, NJW 1985 1711.; *Staudinger/Dilcher*, BGB 12.Aufl. §209 Rdnr.37, 38.; *Palandt/Heinrics*, BGB 59.Aufl. §209 Rdnr.21. ドイツ民法新212条1項2号，3項は，明文をもってこれを肯認する。）。ただし，保全執行が申立ての取下げまたは法律上の要件欠缺のため失効すれば，時効中断効も遡及して消滅する（民法154条）。

　保全執行によって中断した時効が何時から再進行するかについては，説が分かれている。これは，民事執行法上の強制執行および担保執行一般と共通の理論に服すべき問題である。わが国の判例，通説は，民事執行によって中断した時効は，当該執行手続の続行中は効力を存続し，その執行手続が終了すること（債権者の配当金受領，債権転付命令の発効等）で中断した時効が再進行するものであり（大審院大正10年6月4日判決・民録27巻1062頁；同昭和18年3月16日判決・新聞4836号12頁等），保全執行については，これから現実に転移したかまたは転移すべき本執行と一体をなすものと観念し，その本執行が終了するまでは上述のとおり時効中断の状態が存続すると解している（判例は多いが，最近のものとして最高裁昭和59年3月9日判決・判時1114号42頁；同平成6年6月21日判決・民集48巻4号1101頁；同・平成10年11月24日判決・民集52巻8号1737頁。吉川・基本問題246頁以下；我妻・総則474頁；川島・総則499頁；川島編・注釈民法(5)134頁［岡本］）。これは，民事執行一般についても妥当な見解でないが，ことに保全執行については，一旦執行が開始すると，早期に本案訴訟の提起や本執行の実施があるとも限らないのに，時効中断の状態が延々と存続するというのは，怠慢な債権者や狡猾な債権者を利

するだけで，何としても不合理である（大阪高裁昭和54年5月15日判決・判時948号60頁は，仮差押後10年をこえる時効中断状態の継続を認めた裁判例である。不動産に仮差押えや処分禁止の登記が附着したまま，本案訴訟の提起，本執行の実施もなく何年も放置され，本案請求権の時効消滅が認められないから，容易にその登記の抹消を求めるすべがなく，当該不動産の取引を著しく害している例もしばしば見られる。前掲最高裁平成10年11月24日判決は，時効中断効の継続を認めても，「債務者は，本案の起訴命令や事情変更による仮処分命令の取消しを求めることができるのであって，債務者にとって酷な結果になるともいえない。」と説示するが，判例の理論によれば債務者は，本案訴訟でも事情変更による取消申立手続でも被保全権利の消滅時効を主張し得ないはずであるから，この判示は不可解である。）。むしろ，執行の実施に向けられた債権者の申立てと執行機関の個々の執行行為（Vornahme einer Vollstreckungshandlung〈ドイツ民法旧209条2項5号，新212条3項〉。差押え等の第一行為に限る必要はなく，停止した執行の続行申立て，転付命令の申立て，最低売却価格の決定，売却決定期日の指定，実施，配当期日の指定，実施等も含む。）が，手続進行段階に従いそのつど執行債権の時効を中断すると考えるのが正しい。裁判上の請求に関する民法157条2項（ドイツ民法旧212条1項，新204条2項1文）の場合とは異なり，執行手続に基づく時効中断については中断状態の継続を認める規定はない。保全執行によって中断した時効は，その時点から直ちに再進行するものと解すべきである。かように解することは，ドイツにおいては古くからほとんど異説を見ず（RG, 128 76.; BGH, a.a.O. u. ZZP 111. Bd. S.205.; *Staudinger/-Dilcher*, a.a.O.; *Palandt/ Heinrichs*, BGB 59.Aufl. §216 Rdnr.1.; *Stein/Jonas/Münzberg*, vor §704 Rdnr.124.; *Bamberger/ Roth/Heinrich*, BGB §212 Rdnr.13.），これを承けてドイツ民法新212条1項2号は，上記の旨を明記しているのであり，わが法の下で採用しても妥当な見解であると信ずる（戸根・訴訟と非訟253頁以下；野村・研究67頁以下参照。なお，東京高裁平成4年10月28日判決・高裁民集45巻3号190頁は，仮差押執行につき時効中断の効果継続を否定した画期的裁判例としてしばしば引用されるが，その理論構成は，本文記載のそれと異なり，もっぱら裁判上の請求や本執行と対比して仮差押執行の特異性を強調する常識論の域を出ず，民事執行一般の時効中断効への応用を否定するも

のであるから，賛成することはできない。)。この見解によれば，保全執行によって中断した時効の完成をおそれる債権者は，さらに遅滞なく本案訴訟を提起するなど新規に時効中断の手段を講ずる必要があることになるが，彼の利益保護のためには，それで十分であろう。

## §Ⅱ 執行開始要件に関する特則

### 1 執行文

505　保全執行は，保全命令の正本に基づいて実施されるが，保全命令は，即時に効力を生ずるし，保全執行は，迅速性を重んずるから，その開始のためには原則として保全命令に執行文の付与を受けることを要しない（43条1項本文）。ただし，保全命令の発令後に債権者または債務者に承継が生じたときを典型例とし，命令表示の当事者以外の者を債権者または債務者として保全執行を実施するには，保全命令の正本に承継執行文（46条，民事執行法27条2項）の事前付記を受けておくことが必要である（43条1項但。保全命令の承継執行については，中野・民事保全講座(2)362頁以下に詳細な分析記事がある。)。

### 2 執行期間

#### a 期間の始期，終期

506　(1) 保全執行は，その迅速性の要請から，債権者に対して保全命令が送達された日（17条）から2週間という実施が許される期間の制限がある（43条2項）。保全命令に掲げられた費用の裁判の執行は，保全執行ではないから，この制限を受けない。

507　(2) 保全命令の執行期間は，保全異議の裁判手続（32条）によって複雑な影

響を受ける。保全異議の申立時点で保全執行が既に開始しておれば、問題はない。保全執行が未開始のときも、執行期間は、保全異議の申立てによって進行が妨げられないけれども、仮の処分 (27条) によって執行停止が余儀なくされている期間中は進行が停止する。さらに異議についての裁判で保全命令が認可されても、認可が債権者による立担保の条件を付加するなど保全命令の本質的変更を伴っている場合は別として、通常は新たな執行期間が進行するものではないというのが、従来の通説であった (*Baur/Stürner*, Rdnr.52.4.；菊井・民訴法(2) 341頁；兼子・執行法317頁)。しかしそうすると、債権者は、保全執行の機会を失しないためには、しばしば既に申し立てられた異議に対する裁判の帰趨を確知することができず、保全命令の取消しも予想される状態で (該裁判では、保全命令後に生じた保全命令の当否に関わる事情も斟酌される (→417))、不当執行による損害賠償義務負担の危険を冒して保全執行を申し立てる必要に迫られることになる。これは、保全執行を受ける側の債務者にとっても望ましい事柄ではない。それ故、近時の有力説に従い、異議についての裁判で保全命令が認可されたときは、その裁判が債権者に送達された日からあらためて42条2項の全執行期間が進行するものと解する (*Grunsky*, ZPP 104.Bd. S.1ff; *Stein/Jonas/Grunsky*, §929 Rdnr.4.; *MünchKomm-Heinze*, §929 Rdnr.5.; *Gaul/Schilken/Becker-Eberhard*, §78 Rdnr.2.；宮崎＝中野編・仮差押・仮処分の基礎 [松浦])。事情変更による保全取消申立て (38条) がなされてその申立てを斥けられたときも、同様である (*Stein/Jonas/Grunsky*, a.a.O.; *MünchKomm-Heinze*, a.a.O.)。無担保の保全命令が保全異議についての決定で担保供与の条件付きに変更し認可されたときも、その裁判が債権者に送達された日からあらためて執行期間が進行する (*Stein/Jonas/Grundsky*, §929 Rdnr.5.; *MünchKomm-Heinze*, a.a.O.; *Gaul/Schilken/Becker-Eberhard*, a.a.O.)。

**(3)** 保全執行が一旦各種救済申立てに基づき取り消され、再度保全抗告に基づく決定で実施可能となったときは、その決定が債権者に送達された日からあらたに全執行期間が進行する (*Stein/Jonas/Grunsky*, §929 Rdnr.6.; *MünchKomm-Heinze*, a.a.O.; *Gaul/Schilken/Becker-Eberhard*, a.a.O.；吉川・判例542頁；松浦・判例百

選142頁。大審院昭和14年4月11日判決・民集18巻5号331頁は，本文の場合，執行の再施は，従前の執行の続行であるから執行期間の制限に服しないと説示しているが，誤りである。）。

509　(4)　保全執行が執行停止の仮の処分により停止されたときは，その停止が解除された時からあらたに全執行期間が進行する。

510　(5)　執行期間の延長は，裁判所によっても当事者の合意によっても許されないが，期間の短縮は，当事者間の合意によって可能である。

### b　執行期間の遵守

511　債権者による執行期間の遵守については，43条の文言に忠実に，執行処分の完結を必要とするとの説も古くは有力であったが，近時は，ことにわが国において，執行処分の完結は求められないが，執行の開始は必要であると解し，個々の態様の保全執行につき個別的に執行開始の意味，程度を論ずる説が支配的である (*Baumbach/Lauterbach/Hartmann*, §929 Rdnr.10.；吉川・研究229頁以下；菊井・民訴法(2)341頁；竹下＝藤田・体系書275頁以下 [原井]）。しかし，債権者としては，執行期間満了前に管轄権のある執行機関に有効な執行申立てをすれば，必要，可能なすべてを尽くしているはずで，その後の執行機関による執行行為の遅滞などで失権するのはおかしい。それ故，些か43条2項の文言にはそぐわないが，債権者が執行期間内に執行を申し立てると，それだけで期間遵守の要件が充足されたものと認めるのが相当である (*Stein/Jonas/Grunsky*, §929 Rdnr.12, 15.；*MünchKomm-Heinze*, §929 Rdnr.7.；*Gaul/Schilken/Becker-Eberhard*, a.a.O.；*Baur-Stürner*, Rdnr.52.5.；*Jauernig/Berger*, §36 Rdnr.16. 三ケ月・民事執行法478頁）。

### c　執行期間の規定の適用除外

512　(1)　不作為または受忍を命ずる仮処分

　不作為または受忍を命ずる仮処分命令が発せられても，債務者の違反がなければ，仮処分の内容の強制的実現や違反の物理的結果の除去という形での執行が考えられる余地はない。それ故，この種の仮処分については執行期間に関する43条2項の規定は適用されないものというべきである（菊井・民訴法(2)382頁；兼子・強制執行333頁；松浦・菊井献呈（下）914頁以下；田尾・判例百選148頁。ただし吉

川・研究253頁は，債務者の違反行為があった時から同条項の期間が進行するという。）。ドイツにおいては，この種の仮処分の執行（VollziehungであってVollstreckungではない。）とは，仮処分命令の債務者に対する拘束力を生じさせることを意味するものであり，債権者の権利行使の意思表現である申立てに基づき，仮処分命令を債務者に送達することで効果が生ずるとの前提を採り，この送達の実施が執行期間の制限に服するものと解するのが一般である（*Stein/Jonas/Grunsky*, §938 Rdnr.30.; *Baumbach/Lauterbach/Hartmann*, Grndz §916 Rdnr.19., §936 Rdnr.9.; *MünchKomm-Heinze*, §938 Rdnr.36.）。そして，わが法の下でもこれに追従する説があるが（松岡・保全訴訟要論395頁，397頁；西山・概論249頁），賛成することができない。日本法における仮処分命令の送達は，ドイツ法の場合と異なり，公示送達の例外を除き常に債権者の申立てによらず職権をもってなされるものであるから，債権者の権利行使の意思表現である申立てに基づく執行の観念に結びつきにくい。しかも，ドイツ民訴法929条2項では執行期間が保全命令の債権者への告知から1か月と設定されているので，その期間内に仮処分命令を送達することが大概容易であるけれども，わが法の下で送達即執行説に従うならば，債務者に対し公示送達が必要のときは，43条2項の期間遵守が全く不可能になると思われる（民訴法112条参照）。

(2) 回帰的給付を命ずる仮処分　　　　　　　　　　　　　　　　　　　　　513

扶養料に定期払いといった回帰的給付を命ずる仮処分についても，執行期間の制約は必要であるが，その始期は，43条2項所定の債権者に保全命令が送達された日でなく，債務者が最初に遅滞した日と認めるのが相当である（*Stein/Jonas/Grunsky*, §938 Rdnr.38.; *MünchKomm-Heinze*, §938 Rdnr.41.；吉川・前掲書245頁。異説：菊井・民訴法(2)383頁；松浦前掲論文941頁は，この種の仮処分につき執行期間の制約を否定する。）。

### d　執行期間徒過の効果

執行期間が徒過しても，保全命令そのものが失効するわけではないが，保全　　514
異議，事情変更による保全取消しの事由とはなる（→417, 459）。期間経過後の執行は，執行抗告または執行異議の事由を構成する（46条，民執法10条，11条）。

執行期間を徒過した債権者が保全命令の申立てをやり直すことは，妨げない。

## 3 保全命令の送達

515 　保全執行は，迅速を旨とするから，43条3項により，保全命令が債務者に送達される前であっても，これをすることができる（民執法29条本文と対比）。この規定は，承継執行文，その付与を受けるため債権者が提出した文書の謄本，保全執行実施の条件たる立担保の証明書の送達（同法条但，30条2項）についても類推適用される。ただし同条項は，保全執行につき保全命令等が債務者に送達されることを不要とする趣旨ではない。したがって，執行後相当期間が経過しても送達がなければ，執行抗告または執行異議の事由となる（ドイツ民訴法929条3項2文参照。兼子・執行法318頁）。

# 第6章　仮差押えの執行

## §I　本差押えとの等質性

　金銭債権についての強制執行は，差押え—換価—配当の段階を追って進行するところ，この保全を目的とする仮差押えの執行は，換価以降の段階に進まないが，被保全権利につき本執行の開始要件が具備したときは，同一性を保ちつつこれに移行することが予定されている (→621)。それ故，仮差押えの執行は，本執行の第一段階たる差押えと等質であり，効力の点も同一である。すなわち，目的財産に対する債務者の処分権を剥奪し，これに反した譲渡その他の処分行為は，債権者に対抗することを得ないが，差押平等主義を採るわが法の下では，仮差押債権者に他の債権者に対する関係で優先権をもたらすものでない。

601

## §II　各種の仮差押執行

### 1　不動産に対する仮差押執行

　不動産 (民執法43条—登記不能の土地の定着物を除き，不動産の共有持分，登記された地上権，永小作権及びこれらの権利の共有持分を含む。) に対する仮差押えの執行は，(a)仮差押えの登記をする方法または(b)強制管理の方法により行い，これらの方法は，併用することができる (47条1項)。

602

### a 仮差押えの登記をする方法による執行

(1) この方法による仮差押えの執行については，仮差押命令を発した裁判所が，保全執行裁判所として管轄する（47条2項）。そのため，債権者は，不動産に対する仮差押命令の申立てと同時にその申立ての認容を予想してこれに基づく停止条件付執行申立て（2条2項，規1条6号）を附加することができ，これが実務で通例になっている。しかし，仮差押命令とその執行は，理論上段階的に峻別され，もとより同時合体進行を必要としないから（この点の誤解を顕著に露呈した例：東京高裁平成3年11月18日決定・判時1443号63頁），同時に両方の申立てをする場合でも，申立書にはその旨を明記し，裁判書や申立書の文言では両者を截然と区別した表現を採ることが望ましい（しかるに，裁判所で積年慣用の書式例では，「(不動産)仮差押決定」の標題の下に，「……の不動産を仮に差し押さえる。」という不可思議かつ曖昧な文言を用い，債務名義たる仮差押命令だけなのか，これに本来明示の裁判を要しない執行命令を合体させているのか判然とせず（→236），近時もこれを是認，推進する文献が公刊されている（最高裁事務総局編・民事保全手続書式集6頁等）。債権者が提出する「不動産仮差押命令申立書」も，おおむね前示の書式例に対応，準拠しており，仮差押命令を申し立てておけば裁判所が職権で執行処分をしてくれるとでも誤解しているのか，文言上明記されているのは債務名義たる仮差押命令の申立てだけで，「仮差押えの登記をする方法を選択して執行を申し立てる」旨を明示している例は，皆無に近い。それでも規則20条1号の書面提出で黙示的に登記の方法による執行申立てをしていると善解し得ないではないが，保全執行の申立てを書面でしなければならないと定めている規則1条6号の違反ではないかとの疑念は，完全には拭い去ることができない。）。

(2) 仮差押えの登記は，保全執行裁判所の裁判所書記官が嘱託する（47条3項）。この登記嘱託を命じまたは認める旨の保全執行裁判所（裁判官）の執行命令は，明示的にも黙示的にも要しない（ただし，裁判所で慣用の方式による「不動産仮差押命令」は，前述のとおり表現が曖昧であるが，これには執行命令が包含されているというのが，一般の実務家の感覚ではないかと推測される）。裁判所書記官は，独自の権限で43条2項の執行期間の遵守や後記の目的不動産の帰属につき審査

し，登記嘱託の許否を決することになる（この点も，保全執行裁判所（裁判官）の判断事項で，裁判所書記官はその補助機関にすぎぬというのが，一般の実務家の感覚ではないかと推測される。）。この登記嘱託の方法による仮差押えの執行の申立てには，既に仮差押命令の申立書に添付された目的不動産に係る規則20条1号所定の書面を再度提出することを要しない（規31条但。この制度に対する批判については，→218）。しかし裁判所書記官は，該書面上で目的不動産が債務者に属することが証されているかどうかを審査し（この点は，本来仮差押命令申立ての段階での審査事項ではない。→226-7），登記嘱託の是非を決するのである。以上に関する裁判所書記官の処分は，民事訴訟法121条の異議に服する（7条）。

(3) 仮差押えの登記の方法による仮差押えの執行は，本質的に強制競売の差押段階に等しいから，47条5項前段により，強制競売に関する民事執行法46条2項（債務者の使用収益），47条1項（二重開始決定），48条2項（登記官による謄本送付），53条（不動産の滅失等に基づく手続の取消し），54条（登記抹消の嘱託）の規定が準用される。 *605*

### b 強制管理の方法による執行

(1) 強制管理の方法による仮差押えの執行については，仮差押命令を発した裁判所ではなく，目的不動産の所在地を管轄する地方裁判所が保全執行裁判所として管轄する（47条5項，民執法44条。このことからも，不動産に対する仮差押命令と執行の一体性を云々する俗説は，成り立たない。）。この方法による仮差押えの執行を申し立てるには，予め仮差押命令申立手続の段階で裁判所にこのことを明示しておき，その明示をしたことを証する書面を執行申立書に添付しなければならない（規32条2項）。執行申立書には，規則32条1項で準用された民事執行規則の数条の規定に従い所要の記載と書類添付が求められる（民保規の制定者は，ここで仮差押命令申立書に添付したのと同じ民執規23条1項1号，2号5号の書類の再度添付を求めざるを得なくなっており，民保規20条の不合理性を暴露している。）。申立てにはの手数料を要する（民訴費用法別表第1，11。一般に保全執行申立てが手数料不要であるのに対する例外）。 *606*

(2) 仮差押えの執行としての強制管理は，債権者に対する配当金の給付に進 *607*

まぬ点を除けば，本執行での強制管理と等質であるから，47条5項後段により，強制管理に関する民事執行法45条2項，3項（開始決定の送達，執行抗告），46条1項（差押えの効力発生時），47条1項，2項，4項本文，5項（二重開始決定と両手続の関係），48条（登記の嘱託），53条（不動産の滅失等に基づく手続の取消し），54条（登記抹消の嘱託），93条～104条（強制管理開始決定，管理人，強制管理の停止），106条（配当等に充てるべき金銭），107条1項（配当の実施）の規定，規則32条1項により，同項に列挙の強制管理に関する民事執行規則の規定が準用される。ただし管理人は，（47条5項後段，民執法107条1項により計算した）配当に充てるべき金銭を供託し，その事情を保全執行裁判所に届けなければならない（47条4項）。

## 2 船舶に対する仮差押執行

608　船舶に対する仮差押えの執行は，(a)仮差押えの登記をする方法または(b)執行官に対し船舶国籍証書等（船舶の国籍を証する文書その他の船舶の航行のために必要な文書）を取り上げて保全執行裁判所に提出すべきことを命ずる方法により行い，これらの方法は，併用することができる（48条1項）。

### a 仮差押えの登記をする方法による執行

609　この方法による仮差押えの執行については，仮差押命令を発した裁判所が，保全執行裁判所として管轄し（48条2項），仮差押えの登記は，裁判所書記官が嘱託する（48条3項，47条2項）。執行の申立てには，既に仮差押命令の申立書に添付された目的船舶に係る規則20条2号所定の書面の再度提出を要しないが，裁判所書記官は，該書面上で目的不動産が債務者に属することが証されているかどうかを審査し，登記嘱託の是非を決すべきで，以上に関する裁判所書記官の処分は，民事訴訟法121条の異議に服する（7条）。仮差押えの登記の方法による船舶に対する仮差押えの執行は，本質的に民事執行法上の船舶，不動産強制競売の差押段階と等しいから，48条3項前段により，不動産強制競売に関する民事執行法46条2項，47条1項，48条2項，53条，54条の規定が準用さ

れるのである。以上に係る問題点については，不動産に対する仮差押えの登記の方法による執行の項の記述（→603-5）に譲る。

### b 船舶国籍証書等の取上げを命ずる方法による執行

船舶国籍証書等の取上げを命ずる方法による仮差押えの執行については，仮差押命令を発した裁判所ではなく，目的船舶の所在地を管轄する地方裁判所が保全執行裁判所として管轄する（48条2項。この場合も，特定の物に対する仮差押命令と執行との一体性がはっきり否定されている。）。この方法による仮差押えの執行を申し立てるには，予め仮差押命令申立手続の段階で裁判所にこのことを明示しておき，その明示をしたことを証する書面を執行申立書に添付しなければならない（規33条，32条2項）。なお48条3項後段により，不動産強制競売に関する民事執行法45条3項，47条1項，53条，116条，118条の規定，規則33条により，同条で列挙の民事執行規則の規定が準用される。

610

## 3 航空機，自動車，建設機械に対する仮差押執行

### a 航空機に対する仮差押執行

航空機に対する仮差押えの執行は，船舶に対する仮差押執行に近似する形で行われ，後者に関する48条と規則33条の規定が，相応の読替えを伴って準用される（規34条）。

611

### b 自動車に対する仮差押執行

自動車に対する仮差押えの執行は，(a)仮差押えの登録をする方法又は(b)執行官に対し自動車を取り上げて保管すべき旨を命ずる方法により行い，これらの方法は，併用することができる（規35条）。前者の方法による執行は，仮差押えの登記をする方法による不動産，船舶に対する仮差押えの執行に近似し，相応の規定が準用される（規38条前段）。後者の方法による執行については，執行申立書の記載事項に特則があり（規36条），目的自動車の価額減少避止，保管費用節減のための売却が規則所定の手続で認められ（規37条），なお，不動産，船舶に対する仮差押えの執行に関する相応の規定の準用がある（規38条中段，後段）。

612

#### c 建設機械に対する仮差押執行

613　建設機械に対する仮差押えの執行については，自動車に対するそれの例による（規39条）。

### 4 動産に対する仮差押執行

614　動産に対する仮差押えの執行は，おおむね民事執行法上の金銭執行における差押えの段階の例による。すなわち動産仮差押執行は，目的動産の所在地を管轄する地方裁判所に所属の執行官（執行官法4条）が申立てを受け，目的物を占有する方法により行うのである（49条1項）。これについては，民事執行法123条～129条（差押えの方法，効力，差押物の引渡命令，二重差押え，超過差押え，無剰余差押えの禁止），131条（差押禁止動産），132条（同禁止範囲の変更），136条（手形等の呈示義務）の準用（49条4項），ならびに，民事執行規則の動産に対する執行に関する明細な規定の準用（規40条）がある。執行官は，仮差押執行で占有した金銭，民事執行法136条の準用で呈示義務を負う手形等につき支払いを受けた金銭を，本執行の段階での配当に備え供託しなければならない（49条2項）。仮差押執行に係る動産につき著しい価額減少のおそれがあるとき，または保管のために不相応な費用を要するときは，執行官は，関係人の申立てがなくても，民事執行法所定の動産執行の売却手続により換価し，売得金を供託しなければならない（49条3項）。

### 5 債権およびその他の財産権に対する仮差押執行

#### a 債権に対する仮差押執行

615　(1)　金銭の支払いまたは船舶もしくは動産の引渡しを目的とする債権（動産執行の目的となる有価証券上の債権を除く。）に対する仮差押えの執行は，保全執行裁判所が申立てを受け（2条2項，規1条6号），第三者に対し債務者への弁済を禁止する命令を発する方法により行う（50条1項）。この仮差押執行は，さらに

第6章 仮差押えの執行

本執行の要件が具備せぬ限り換価手続に移行しないが，この点を除けば民事執行法上の債権差押と全く等質で，効力上の差異はない。それ故，債権に対する仮執行の執行についても，裁判所の目的債権に対する差押宣言を掲げた執行命令が必要であり，かつ，50条5項，規則41条により，本差押命令に関する民事執行法145条2項〜5項（債務者，第三債務者の審尋無用，債務者，第三債務者への送達，効力発生時，裁判に対する即時抗告許容），146条〜153条（差押えの範囲，効力，差押禁止），156条（第三債務者の供託），164条4項，5項（登記抹消の嘱託），民事執行規則135条（第三者に対し陳述を催告すべき事項等），136条1項，2項（申立ての取下げ等），138条（第三債務者の事情届の方式等）の規定が準用される。なお50条5項は，旧民事訴訟法750条3項を踏襲して民事執行法145条1項の準用をわざわざ排しているから，債権仮差押えの執行命令には債務者に対して債権の取立て等を禁止する旨の文言記載を要しない。しかし債権仮差押えの執行命令にもこの禁止効が当然に伴うのであるから，この禁止文言の省略を認めた立法は，なんらかの誤解に基づくものと思われ，妥当でない（三ケ月・民事執行法487頁，同・民訴法研究6巻84頁以下。ドイツ法には債権仮差押執行につきこの禁止文言省略を認める規定がなく，当然かの地の実務でも省略をしていない (Locher/Mes/Reinelt, Beck'sches Prozeßformularbuch 8.Aufl. I R1.; *Schrader/Steinert*, Zivilprozeßß 6.Aufl. Rdnr.789.)。）。

(2) 債権に対する仮差押えの執行については，債務名義たる仮差押命令を発した裁判所が，保全執行裁判所として管轄する（50条2項）。そのため，債権者は，債権に対する仮差押命令の申立てと同時にその申立ての認容を予想してこれに基づく停止条件付執行申立てを附加することができ，裁判所も，これを承けて一個の裁判書で仮差押命令とその執行命令とを兼併させることが許され，以上は，実務で通例になっている。しかし，その場合でも仮差押命令とその執行命令とは理論上峻別されるから，申立書および裁判書においてもそれぞれに適切な文言を選び，両者を書き分けることが望ましい（例えば，まず「……の債権に対する仮差押えを命ずる。」と宣言し，次いで仮差押解放金と仮差押命令手続費用の裁判を掲げ，しかる後，「前掲仮差押の執行として，上記の債権を差し押さえる。第三債務者

は，債務者に対しこの債権を支払ってはならない。」とするなど。Vgl. *Locher/Mes/ Reinelt*, a.a.O. *Schrader/Steinert*, a.a.O.)。従来の実務慣行ではこの点の配慮が怠られている（裁判所で積年慣用の書式例では，「（債権）仮差押決定」の標題の下に，「債務者の第三債務者に対する……の債権を仮に差し押さえる。」という不可思議かつ曖昧な文言を債務名義たる仮差押命令と執行命令とを渾然一体とした意味で用いている（→236）。担保を立てることを執行の条件として仮差押命令を発するときはどんな文言になるのか，よくは分からない。債権者が提出する「債権仮差押命令申立書」の記載も，おおむね前示の書式例に対応，準拠したものであり，「執行申立て」の明示を欠くものが多いが，黙示の申立てがあると解されているのか，裁判所では大概執行処分まで実施している。上記の実務慣行は，過去数十年無反省に維持されており，近時もこれを是認，推進する文献が公刊されている（最高裁事務総局編・民事保全手続書式集10頁等)。)。

617　**(3)** 仮差押執行の対象となった金銭債権につき第三債務者が供託をしたときは，仮差押命令に掲記の仮差押解放金（22条1項）と同額の限度で，債務者が解放金を供託したものとみなされ，その解放金の還付請求権が執行目的債権に転移する（50条3項）。

### b　その他の財産権に対する仮差押執行

618　その他の財産権（民執法167条1項―不動産，船舶，動産及び債権以外の財産権）に対する仮差押えの執行も，債権に対するそれに準じて行われ，これには上記aで述べたところがおおむね妥当する。なお，民事執行法167条の規定の準用（50条4項，5項），民事執行規則147条の準用（規41条2項）がある。

## §Ⅲ　仮差押執行の停止および取消し

619　**(1)** 仮差押えの執行も，民事執行法39条1項1号～4号，6号，7号の文書が執行機関に提出されたときは停止され，同条項1号～4号，6号の文書が提出されたときは既往の執行処分も取り消される（46条，民執法39条1項，40条）。もっとも，仮差押執行は，開始すればおおむね静止状態で推移するものである

から，停止は，執行の開始を阻止する点で意味があるけれども，執行開始後は問題とならず，停止中も49条3号による目的動産の売却，強制管理手続の続行を妨げない（兼子・執行法320頁）。

**(2)** 債務者が仮差押解放金を供託してそのことを証明したとき，仮差押執行が開始前であれば，執行機関は執行を開始してはならない（これは，仮差押執行の停止であるが，立法者が51条1項でこの停止に触れていないのは，債務者が執行開始を待ち同条項の取消決定で対処すれば足りると考えたものと思われる（山崎・解説257頁）。実際上はそれでも困ることはあまりないと思うが，純理としては，債務者が停止に向けた措置を講ずるのに執行開始を待たねばならぬ理由はない。そして，本文記載の結論自体は，解放金の制度目的に照らし異論のないところと信ずる。ただし，執行停止の手続要件を定めた民執法39条1項には，執行機関に停止の措置を求めるために提出を必要とする文書の列挙に，解放金供託証明書が該当する文書が欠落している。）。この場合債権者は，もとの仮差押命令に基づき，執行期間（43条2項）の経過前であれば，これに表示の「特定の物」（21条）でない供託金取戻請求権に対する仮差押執行を求めることができるものと解したい（そうでないと，供託金が仮差押執行の目的財産になる前提条件がそろわない。）。仮差押執行が既に開始しておれば，執行官が動産に対する仮差押えの執行をしたときでも51条1項の適用があり，執行の取消しには保全執行裁判所の決定を必要とするというのが通説である（大審院昭和13年7月9日決定・民集17巻15号1403頁；菊井・民訴法(2)347頁。吉川・判例501頁；鈴木＝三ケ月編・注解民執法(6)422頁［時岡］）。ただし，その当否は若干疑わしい。（異説：兼子・強制執行321頁；岩野ほか・強制競売と仮処分355頁以下［兼子発言］は，51条1項が裁判所を執行機関とするときにだけ適用される規定であるとする。）。通説に従い細説すると，仮差押執行が(a)保全執行裁判所の裁判でなされているときは，これを直接取り消す旨の決定が，(b)保全執行裁判所の裁判所書記官の登記，登録嘱託，または(c)執行官の動産占有でなされているときは，執行の取消しを命ずる旨の（執行の取消しそのものでないから，51条1項の字義には若干そぐわない）決定が必要であり，(c)の場合は，この決定の正本が46条，民事執行法39条1項6号の文書として執行官に提出されて，執行の取消しが実現す

ることになる。51条1項の決定は、これに対し執行抗告が申し立てられたときでも即時の効力発生が妨げられない（同条2項）。

## §Ⅳ　本執行への転移

621　**(1)**　仮差押えの執行は、それ自体では換価に進み得ない点を除くと、本案判決その他の債務名義に基づく本執行における差押えと性質を異にしない。それ故、債権者が被保全権利を肯認した本案の債務名義を取得し、執行文の付与を受け、債務名義等の送達、必要な担保供与等を経て、これに基づく強制執行開始の要件が具備し、本執行の申立てをすれば、執行機関は、その時点から換価の手続を施行することができるが、この場合差押えの反覆は、不必要である（*Stein/Jonas/Grunsky*, §930 Rdnr.11.; *MünchKomm-Heinze*, §930 Rdnr.13.; *Gaul/Schilken/Becker-Eberhard*, §78 Rdnr.16.）。不動産、船舶等が執行目的の場合、強制競売開始決定は欠かせないが、不動産の仮差押執行が強制管理の方法で行われているときは、本執行での強制管理開始決定は不要であり、船舶の仮差押執行が船舶国籍証書等の取上げを命ずる方法で行われているときも、本執行での船舶国籍証書等取上命令を要しない。本執行での強制競売開始決定、強制管開始決定が必要のときも、決定書に差押宣言（民執法45条1項、93条1項、114条2項）を掲げる必要はないと解する。動産が執行目的の場合、執行官が直ちに競売を実施することができることになる。債権が執行目的の場合、取立命令を不要とした民事執行法155条1項の規定との関連で疑問が生ずるが、債権者が本案の執行力のある正本を所持し、かつ本執行の開始要件が具備してから同条項所定の1週間を経過しておれば、本執行での差押命令がなくとも、その債権を取り立てることができるものと解したい（異説：三ケ月・民事執行法489頁は、本執行での差押命令が必要とする。これは、さして弊害を伴わず、実務の運用で取立ての効力に疑問を残さぬ点では評価し得る見解であるが、すぐ後に述べる転付命令の場合と権衡を失することを否めない。）。本執行たる差押命令を経由しなくても転付命令が認められ

ることについては，特に問題を見ない。このように仮差押えの執行が本執行に転移した場合，仮差押執行がその目的を達成したことにより効力を失うとする説があるが（西山・概論295頁），そのように観念することは，誤りである。

(2) 以上に述べたところは，債権者の申立てに基づき，執行機関が仮差押えの執行に重ねて本執行の差押宣言や競売の前提となる動産占有を反覆することを常に全く無用とする趣旨ではない。ことにわが国の実務では，仮差押命令の申立てとこれを受けた仮差押命令に被保全権利に元本債権しか掲げないのが一般であるから，利息等の附帯金や執行費用についても満足を求めるためには，本執行としての差押えの反覆が必要である。この場合，仮差押執行と本執行とが競合，併存することになる（野村・研究57頁以下）。そのため，仮差押執行だけが効力を失うことは，当然あり得る（最高裁昭和40年2月4日判決・民集19巻1号23頁；同平成14年6月7日判決・判時1795号108頁，判タ1101号87頁）。

(3) 仮差押えの執行が本執行に転移した後，債権者が換価以後の手続につき本執行の申立てを取り下げても，債務者が本執行の取消し（例えば，立担保による仮執行の免脱）または停止（例えば，執行異議の申立てや請求異議の訴え提起に伴う仮の処分に基づく執行停止）を得ても，仮差押えの執行は，転移前の状態で効力を存続する（*Stein/Jonas/Grunsky*, a.a.O.; MünchKomm-*Heinze*, a.a.O.; *Gaul/Schilken/Becker-Eberhard*, a.a.O.）。これは，当然の事理で，上記の関係を，本執行への転移により潜在化した仮差押執行の効力が独立の存在を回復したものと説明する向きがあるが（上谷・注解強制執行法(4)230頁。なお，山内・吉川還暦（上）438頁参照），無用の論理構成である（岩野ほか・強制競売と仮処分289頁以下参照）。本執行に転移した後は，債務者が仮差押解放金を供託しても（51条1項），これによって執行処分の取消しを求め得る余地はない（*Stein-Jonas-Grunsky*, §930 Rdnr.13.; MünKomm-*Heinze*, a.a.O.; *Gaul/Schilken/Becker-Eberhard*, a.a.O.）。

第**2**部　民事保全の執行手続（保全執行）

# 第**7**章　仮処分の執行

## §I　各種の仮処分執行

701　裁判所が命ずる仮処分の方法（24条）が多様であるのに対応し，仮処分執行の方法も一様でない。

### *1*　物の引渡しを命ずる仮処分

702　この種の仮処分の執行は，該当の仮処分命令を債務名義とし（52条2項は，むしろ無用の規定であり，同条項に「みなす」とあるのは妥当な表現でない。），民事執行法168条〜170条の例により執行する。保管人に目的物を保管させる仮処分につき債務者が任意引渡しに応じないときの執行も，同様である（→341）。

### *2*　作為または不作為を命ずる仮処分

703　(1)　この種の仮処分命令が債務者を拘束する効果は，仮処分命令が債務者に送達された時点で生ずるが，送達自体を仮処分執行と観念するのは誤りである（→512）。しかし，既に仮処分命令が発せられていても債権者が保全執行実施の条件となる担保を立てていない間は，債務者に仮処分命令を送達してはならないし，送達しても債務者を拘束する効果が生じないものと解する。

704　(2)　作為または不作為の仮処分執行は，該当の仮処分命令を債務名義とし（ここでも52条2項の規定に対する前示の批判（→702）が妥当する。），民事執行法171

条, 172条の例により執行する。仮処分執行については同法171条3項の必要的債務者審尋に関する規定の準用がないとする見解が散見されるが, 誤りである (→327)。

## 3 仮処分で命じた意思表示の擬制

意思表示を命ずる仮処分命令が例外的に適法の場合, 意思表示の擬制の効果は, 仮処分命令が債務者に告知された時点で生ずる(その他詳細につき→335)。 705

## 4 不動産の登記請求権保全のための処分禁止の仮処分

(1) 不動産に関する権利(不登法1条掲記の所有権, 地上権, 永小作権, 地役権, 先取特権, 質権, 抵当権, 賃借権, 採石権)についての登記(仮登記を除く)を請求する権利を保全するため目的不動産の処分禁止を命ずる仮処分命令が発せられたときは, その仮処分の執行は, 処分禁止の登記をする方法により行う(53条1項)。なお, 処分禁止の仮処分が不動産に関する所有権以外の権利(制限物権)の保存, 設定または変更についての登記請求権を保全するためのものであれば, その旨を記載した仮処分決定書またはこれに代わる調書に基づき(規22条1項), 執行において処分禁止の登記と一体をなす仮処分による仮登記(保全仮登記)による方法を附加する(同条2項)。 706

(2) 上記の仮処分執行については, 仮処分命令を発した裁判所が保全執行裁判所として管轄する(53条3項, 47条2項)。そのため, 債権者は, 一通の申立書で仮処分命令の申立てと執行申立てとを兼併させるのが通例である(ただし, 兼子・執行法334頁は, 仮処分裁判所が職権で登記を嘱託するとしており, 実務家の間でもそのように観念するのが一般かと思われ, 債権者の提出する「不動産仮処分命令申立書」の記載表現では, おおむね執行申立ての明示的文言を欠いている。しかしこれは, 民事保全法2条2項に反する謬見であって, 執行の申立ては常に必要である。もっとも, 債権者は, 申立書に民保規23条, 20条1項に従い関係登記簿謄本等を添付しているのが 707

通例であるから，些か強引な解釈の嫌いはあるが，これで黙示的に執行申立てを兼ねているものと善解するほかはあるまい。)。しかし両者は，理論上峻別され，仮処分命令を発した後さらに相当期間を経て（例えば債権者が執行実施条件の担保（14条2項）を立てたのを確かめた上）執行に及んでも差し支えない。執行処分としての登記の嘱託は，裁判所書記官が，独自の権限で（→604）登記をする方法による仮差押えの執行に準じてする（53条3項，47条3項）。なお，民事執行法48条2項（登記官による謄本送付），53条（不動産の滅失等に基づく手続の取消し），54条（登記抹消の嘱託）の規定の準用がある（民保法53条3項）。

## 5 不動産に関する権利以外の権利に係る登記または登録請求権保全の処分禁止の仮処分

708 　不動産に関する権利以外の権利で，その処分の制限につき登記または登録を対抗要件または効力発生要件とするもの（例えば，商法686条1項；船舶法5条1項，34条；商法687条；703条；848条；建物抵当法7条；自動車抵当法5条；車両法5条；著作権法77条；特許法98条，99条；実用新案法25条3項，4項；意匠法27条4項，28条3項；商標法30条4項，31条4項；半導体回路配置法21条）についての登記（仮登記を除く。）または登録（仮登録を除く。）を請求する権利を保全するための処分禁止の仮処分の執行は，前段記述の不動産の登記請求権を保全するための仮処分の執行の例による（54条）。

## 6 建物収去土地明渡請求権保全のための建物の処分禁止の仮処分

709 　該当の仮処分命令が発せられたときは，その仮処分の執行は，処分禁止の登記をする方法により行う（55条1項）。この執行について，管轄保全執行裁判所，登記嘱託機関，準用される民事執行法の規定は，登記請求権保全のための処分禁止仮処分の執行に係るそれ（→707）と同一である（同条2項）。ただし両者の仮処分は，後述のとおり効力の点で大きく異なる（→716-23, 728）から，仮処

分命令中（規22条3項）だけでなく，登記嘱託および登記簿の記載において「建物収去請求権保全」の趣旨を明示する実務扱いになっている（この点は，むしろ法規の上で明記すべきであった。）。

## 7 金銭の支払いを命ずる仮処分

この類型の仮処分の執行は，すべて本執行の規定に従って行う。　　　　710

## 8 法人の代表者の職務執行停止等の仮処分

(1) 株式会社の取締役，代表取締役のような法人の代表者等の役員の職務執　711
行の停止を命じ，またはこれに附加してその職務代行者を選任する仮処分命令は，株主総会決議取消しの訴え（商法247条），同無効，不存在確認の訴え（同法252条）を典型例とする，法人を被告とした当該役員の選任決議の取消し，無効，不存在確認の訴えを本案として発せられる。その仮処分命令申立ての相手方は，当該法人とすべきである（長谷部・裁判会社法226頁。ただし，当該役員，または法人および役員の双方を相手方とすべしとの異説もある。）。職務代行者の具体的指名は，別途の決定でするのが妥当であり，仮処分命令中でなされてもその本来の構成部分でなく，執行処分の一種と認めるのが正しい（56条の文言は，不正確である。裁判所は，別途の決定で代行者の解任，新代行者の指名をすることができる（吉川・諸問題485頁；戸根・村松還暦（上）176頁以下，183頁）。）。この仮処分命令は，相手方に送達されることにより効力を生ずる。ただし，既に仮処分命令が発せられていても，債権者が保全執行実施の条件となる担保を立てていない間は，相手方に仮処分命令を送達してはならないし，送達しても効力を生じないものと解したい。職務執行を停止された法人の代表者は，本案の訴えにおいて法人を代表することも，自らまたは法人代表者の資格で保全異議を申し立てることもできないと解すべきである（長谷部・前掲書229頁。ただし，この点についても異説がある。）。

712　(2)　職務執行が停止された役員が法人の役員として登記されているときは、裁判所書記官は、関連法令で登記事項になっていない事項を除き、職務執行停止、職務代行者選任の仮処分命令が発せられ、またはその仮処分命令の変更もしくは取消しの決定がされた場合、関係の登記所にその登記を嘱託しなければならない（56条）。

713　(3)　職務執行が停止された役員が法人の代表者としてなした行為は、無効であって、後に仮処分命令が失効しても遡って有効となるものではない（最高裁昭和39年5月21日判決・民集18巻4号608頁）。もっとも、仮処分の失効により権限を回復した役員は、その行為を追認することができる（最高裁昭和45年11月6日判決・民集24巻12号1744頁）。

## §Ⅱ　仮処分執行の停止および取消し

714　(1)　仮処分の執行も、民事執行法39条1項1号～4号、6号、7号の文書が執行機関に提出されたときは停止され、同条項1号～4号、6号の文書が提出されたときは既往の執行処分も取り消される（46条、民執法39条1項、40条）。

715　(2)　債務者が仮処分解放金を供託してそのことを証明したとき、仮処分執行が開始前であれば、執行機関は執行を開始してはならない（これは仮処分執行の停止であるが、供託証明書が該当する停止文書の根拠規定が民執法39条1項で欠落している。→620）。仮処分執行が既に開始しておれば、57条1項により執行の取消しには保全執行裁判所の決定が必要であり、この決定は、執行抗告が申し立てられても即時に効力を生ずる（同条2項）。個々の執行取消しの態様については、仮差押解放金の供託の場合につき前述したところ（→620）がそのまま妥当する。

第7章　仮処分の執行

## §Ⅲ　若干の仮処分に係る執行の効力

### 1　登記請求権等保全のための処分禁止の仮処分

#### a　概　説

(1)　不動産に関する権利についての登記（仮登記を除く）請求権を保全するための処分禁止の仮処分の執行は，処分禁止の登記をする方法による（53条1項）。この登記がなされた処分禁止に抵触する債務者の譲渡，担保権設定等の処分行為は，処分の相手方との関係では当然に無効ではないが，（後記(2)の諸般例外の場合を除き，）仮処分債権者には対抗することができない（相対的無効説。民事保全法施行前から，最高裁昭和30年10月25日判決・民集9巻11号1678頁をはじめとし一般に認められていた理論）。同様のことは，仮処分による処分禁止の登記がなされた不動産を目的とし，その登記後に強制競売により第三者が買受人となって「権利の取得」をした場合や，第三者のための差押え，仮差押え，仮処分等により「処分の制限」がもたらされた場合についてもいうことができる。以上の関係は，まず仮処分による処分禁止の登記がなされ，次いで仮処分で保全された登記請求権に係る登記が，仮処分債権者と債務者の共同申請または本案の債務名義に基づく債権者の単独申請（不登法27条）によりなされる場合において，両登記の中間時点で上記諸般の原因により第三者のため仮処分債権者の登記請求権と相容れぬ権利の登記がなされているときに，問題が顕在化する。58条1項は，この場合，第三者のための登記に係る所有権等の「権利の取得」や第三者からの差押え等による「処分の制限」は，原則として仮処分債権者に対抗することができないものとしている。

(2)　ただし，58条1項の文言からも明らかなとおり，処分禁止の登記後の登記に係る権利取得または処分制限が仮処分債権者に対抗し得ぬという上記の原

則が妥当するのは，問題の権利取得または処分制限が仮処分債権者の本案登記請求権と抵触することが前提となっている。この抵触関係が認められぬ場合には，仮処分債権者の優位を否定しなければならない。その例としては，(a)所有権以外の物権に基づく処分禁止仮処分登記の後に別種の物権が設定された場合，(b)仮処分による処分禁止登記より前の設定登記に係る担保権が実行されて，これによる差押登記が処分禁止仮処分登記の後になされた場合，(c)処分禁止仮処分登記の後に破産，民事再生手続開始，株式会社整理開始，会社更生手続開始，企業担保権実行手続開始等に伴う登記がなされた場合などを挙げることができる。

(3) 問題となるのは，仮処分債権者の登記請求権が債務者に対する債権的請求権でしかないときである。この場合は，実体法の理論上，仮処分債権者が他の債権者との関係で優先的地位を取得するいわれがないから，仮処分による処分禁止の登記は，その後の登記に係る権利取得，処分制限を排除する効力を有しないものと解するのが相当である（兼子・執行法335頁）。不動産の二重売買の場合も，甲買主が申し立てた仮処分に基づき処分禁止の登記が先行してなされても，その後になされた乙買主への所有権移転登記の抹消に繋がるものでない（そう解しないと，物権変動に関する民法の原則に抵触することになる。岩野ほか・強制競売と仮処分52頁以下。ことに同書中の随所に見られる我妻発言；谷口・吉川還暦(下) 522頁以下は，この二重売買の案件では処分禁止の仮処分そのものが許されぬとする。）。同じく不動産の二重売買の事案で，二人の買主から各別に売主を債務者とする処分禁止の仮処分がなされた場合，判例（最高裁昭和44年12月19日判決・判時589号49頁；同・昭和45年１月23日判決・判時589号50頁）は，最初の仮処分債権者が優位に立つものとする。しかしこれは，不動産の処分禁止仮処分に順位保全の効力を認めるに帰し，実体私法の予定する範囲をこえるもので，賛成することができない。処分禁止の仮処分登記の後に第三者のために取得時効を原因とする所有権移転登記がなされたときは，さらに問題が複雑であるが，詳論を避ける。諸種の案件につき実体法の理論で仮処分債権者，第三者間の優劣を決するのほかはない（山崎・解説450頁以下参照）。

### b 処分禁止の登記に後れる登記の抹消

不動産に関する所有権についての登記（仮登記を除く）請求権保全のための仮処分の執行として(a)の処分禁止の登記がなされ，次いで第三者のために(a)の登記に（後述の意味で）「後れる」(b)の登記がなされている場合，仮処分債権者は，本案の登記請求権に係る登記を債務者と共同でまたは本案の債務名義に基づき申請する際，同時に単独で(b)の登記の抹消登記の申請をすることができ，そのために第三者に対する債務名義を取得する必要はない（58条2項，不登法146条ノ2，1項。この効力を「当事者恒定効」と呼ぶ向きがあるが，比喩的表現としても妥当性が疑わしい。ドイツ民訴法265条2項，325条1項，727条1項が訴訟係属に認めている当事者恒定効とは，本質，効果にかなりの差異が認められるからである。）。この申請を受けた登記官には審査の権限に制限があるから，仮処分の本案との間に同一性を欠く登記請求権に基づき(b)の登記を抹消する危険がある。また，法文に「後れる」とあるのは，登記簿の記載で(b)の登記に係る権利取得または処分制限が仮処分債権者に抵触する外観を呈していることをいうと解せざるを得ず，そのため本来は仮処分債権者に対抗し得る(b)の登記が抹消される危険も避けられない。以上は，法の認めるところで，やむを得ぬ結論である（立法論としては，抹消登記で失権すべき第三者に対する債務名義の省略を認めない方がよかったと思うし，少なくとも立法または実務の運用上，処分禁止の仮処分登記には，仮処分命令に明記された本案登記請求権の種類および発生原因（→352）を原因証書に基づき移記すべきものとするのが相当である。）。もっとも，上記の弊をいくらかでも避けるため，仮処分債権者が処分禁止の登記に後れる登記の抹消を申請するには，予め，その劣後登記の権利者にその旨を通知しておかなければならない（59条1項。この通知の宛先と到達時については，59条2項による。）。

719

### c 保全仮登記

**(1)** 処分禁止の仮処分が不動産に関する所有権でない制限物権の保存，設定または変更にかかる登記請求権を保全するためのものであれば，その執行において処分禁止の登記に保全仮登記が附加される（53条2項）。保全仮登記は，一般の仮登記（不登法2条）とは異質で，処分禁止の登記と同時になされ，両者は，

720

一体として「処分ノ制限」の登記（同法1条）となる。

721　(2)　制限物権の保存，設定または変更に係る登記請求権保全のための仮処分の債権者の申請により，当該登記請求権にかかる制限物権の登記をするには，保全仮登記に基づく本登記をする方法による（58条3項，不登法135条ノ2, 54条, 55条）。この本登記をしたときは，保全仮登記とともにした処分禁止の登記を抹消する（不登法146条ノ5）。本登記をすべき場合に，保全仮登記に係る権利と本案の債務名義における権利との間に同一性が認められても表示が符合しないときは，仮処分命令を発した裁判所が，債権者の申立てにより，その命令を更正する（60条1項）。この更正決定は，即時抗告に服し（60条2項），確定すれば，裁判所書記官が保全仮登記の更正を嘱託する（60条3項）。

722　(3)　仮処分の被保全登記請求権が不動産の使用または収益権に係るものであるときは，仮処分債権者は，上記の本登記と同時に，不動産の使用もしくは収益をする権利（所有権を除く。）またはこの権利の取得に関する登記で処分禁止の登記に後れるものの抹消を申請することができる（58条4項，不動産登記法111条～113条）。この抹消の事前通知については，処分禁止の登記に後れる登記の抹消の場合と同じである（59条。→719）。

### d　不動産に関する権利以外の権利に係る登記または登録請求権保全の処分禁止の仮処分

723　この種の仮処分の効力は，61条により，不動産の登記請求権を保全するための処分禁止の仮処分の効力につき前述したところに準じ，理解すべきである。

## 2　占有移転禁止の仮処分

### a　保管人に目的物を保管させる仮処分

724　民事保全法は，62条において，物の引渡しまたは明渡しの請求権を保全するため，債務者に対し，その物の占有の移転を禁止し，およびその占有を解いて執行官に引き渡すべきことを命ずるとともに，執行官にその物の保管をさせ，かつ，債務者がその物の占有を禁止されている旨および執行官がその物を保管

第7章　仮処分の執行

している旨を執行官に公示させることを内容とする仮処分に関し，その執行の効力につき特別の規定を置いている。この仮処分は，条文の見出しどおり通常「占有移転禁止の仮処分」の名称（あまり妥当な表現とは思えない。）をもって，主に不動産につき実務上慣用されているが，24条に挙示の典型例たる「保管人に目的物を保管させる」仮処分の一種にほかならない。それ故，この典型的仮処分の性質，効力につき前述したところ（→338-43）は，すべて占有移転禁止の仮処分に妥当する。ことに，保管人が執行官でも，当事者に対しては私法上の関係に立ち，執行機関ではなく，目的物の占有が侵害者に対する排除の公権力を伴うものでないことに留意しなければならない（もっとも民事保全法の立案者は，占有移転禁止の仮処分において目的物の占有に当たる執行官を，「裁判所の補助機関」だと認識していたらしい〔山崎・解説498頁，508頁；原井・民事保全講座(2)478頁〕。その意味は，よくわからないが，公権力を行使し得る執行機関ではないという趣旨では賛成することができる。）。要するに，62条は，24条に掲げる「保管人に目的物を保管させる」仮処分命令が，さらに(a)保管人に執行官を充て，(b)債務者に対し目的物の占有移転を禁ずる文言を掲げ，(c)執行官に仮処分の内容の公示を命ずるという三要件を充たした場合，その執行の効果として，本案の債務名義で引渡しまたは明渡しを強制される者の範囲が拡張することを認めた規定である。

**b　本案の債務名義の執行力が及ぶ主観的範囲の拡張**

**(1)**　占有移転禁止の仮処分が執行されても，債務者外の目的物占有者が現れることは避けられない。ことに，この種の仮処分命令においては，債務者が目的物を執行官に引き渡すことを命ずるのであるが，現実には目的物を債務者から取り上げるのでなく，債務者が目的物を直接占有し使用することを明示的に容認し，執行官を間接占有者とするにとどめる扱いが多いから，債務者と意を通じまたは通じないあらたな占有者が出現することがしばしばである。しかし，本案の債務名義による物の引渡しまたは明渡しの強制執行は，債務名義表示の当事者，その口頭弁論終結後または債務名義成立後の承継人，その他民事執行法23条1項，3項に掲げる者に対してのみ認められるのを原則とするか

ら，これでは多くの案件で仮処分執行後に目的物を占有するに至った者に対する強制執行に窮することになる。そこで民事保全法62条1項は，占有移転禁止の仮処分の執行がされたときは，その執行後，(a)執行の事実を知って目的物を占有した者，(b)執行の事実を知らないで債務者から目的物の占有を承継した者に対しても，本案の債務名義の正本に承継執行文の付与（民執法27条2項）を受けて，引渡しまたは明渡しの強制執行をすることができるものとした。すなわち，本案の債務名義の執行力が及ぶ債務者以外の占有者の範囲は，民事執行法23条1項3号，3項の原則によらず，口頭弁論終結または債務名義成立の時より前からであっても，仮処分の執行後に目的物を占有した者まで，また，仮処分執行の事実につき悪意であれば，債務者からの承継によらずに目的物を占有した者まで拡張されるわけである（この効果を58条2項の場合と同様，占有移転禁止の仮処分のもたらす「当事者恒定効」と呼ぶ向きが多い。しかし，効力の及ぶ新占有者に悪意の非承継占有者まで取り込んでいる点で，ドイツ民訴法が訴訟係属に認めている当事者恒定効との間に大きな差異が認められるから，比喩的表現として是認するにとどめるのが相当であろう。）。この立法は，実務の要請に基づき仮処分の実効を図った異例の政策的措置であって，それ以上に理論的根拠を求めることは難しい。占有移転禁止の仮処分の執行後に執行の事実につき善意で債務者からの承継によらず目的物を占有した者に対しては，本案の債務名義に基づく強制執行が認められない。ただし，この新占有者は，執行の既成事実につき悪意であったと法律上推定され（62条2項），善意の証明には仮処分の公示の事実が障碍となる。

726　　(2)　占有移転禁止の仮処分の執行目的物について，債権者が本案の債務名義に基づき債務者以外の占有者に対し引渡しまたは明渡しの強制執行をするため承継執行文の付与を受けるには，本案の債務名義の基本をなす引渡しまたは明渡しの請求権（判決の場合は訴訟物）と仮処分発令の基礎となった本案請求権との同一性を明らかにする必要があるが（仮処分命令に本案請求権の表示が欠缺しまたは不完全な現状は，この場合の承継執行文の付与に当たっての審査をしばしば困難にしているものと推測される。），当該占有者については，前示の悪意の推定規定も

あるから，彼が当該占有者が仮処分の執行後に目的物を占有したことを文書（民執法27条2項）で証明すれば足りる。その結果占有者の側は，時効取得，動産の即時取得，二重譲渡の場合の対抗要件を具えた譲受け，留置権などを理由に，自己の占有権原を債権者に対抗することができても，また，善意かつ債務者からの承継によらぬ占有であっても，一旦は執行文に表示され，強制執行を受ける危険にさらされることになる。そして民事執行法の一般原則によれば，こうした事情は，執行文付与に対する異議の訴え（同法34条）の理由にはなるけれども，より簡易な執行文付与に対する異議の申立て（同法32条）の理由になるとは一般に解されていない。そこで，62条による仮処分債権者の地位の強化との対比上，63条が民事執行法32条に対する特則として置かれ，占有者において，上記の債権者に対抗し得る占有権原または善意かつ承継外の占有の事情を，執行文付与に対する異議の申立ての理由とすることが認められている。

(3) 上述のとおり，占有移転禁止の仮処分の執行を経れば，本案の債務名義の執行力が及ぶ主観的範囲が拡張するとされているが，これには下記の例外を認めなければならない（ただし，62条の文言は頗る包括的であるから，該制度の立案者は，この点を明確に認識，考慮していなかった疑いがある。同条に関する諸家の論述でもおおむね言及されていない。）。そもそも62条の占有移転禁止の仮処分が保全の目的とするのは，物の引渡しまたは明渡しの請求権であるが，これらの請求権を掲げた債務名義は，必ずしも表示された債務者またはその包括承継人でない他の占有者に執行力が及ぶものはでない。すなわち，債務名義に表示の執行債権が占有権に基づく場合は原則として（民法200条2項），契約解除等に基づく債権的請求権でしかない場合は常に，債務者またはその包括承継人以外の占有者に執行力が及ばないはずである（論者の援用する仮処分の「当事者恒定効」は，もとより反対の結論を導く説明にならない。）。本案の債務名義に占有移転禁止の仮処分の執行が先行すれば，とたんに本案の債務名義の執行力が及ぶ主観的範囲が拡張することは，前述のとおり仮処分執行の事実に悪意の非承継占有者につきそれが認められている。しかし，こうした理論上の説明のつかぬ異例の政策的措置は，妥当範囲を局限して承認するのが正しい。それ故，本案の債務名義に

表示された物の引渡しまたは明渡しの請求権が占有権に基づく場合は原則として，契約解除等に基づく債権的請求権でしかない場合は常に，かりに占有移転禁止仮処分が先行していても，債務名義表示の債務者またはその包括承継人以外の占有者を相手方とした承継執行文付与の申立ては，認容すべきものでないと解しなければならない（もっとも本文に記載した事情は，63条により執行文の付与に対する異議の理由とすることもできると思うし，通説は，これで十分としているのかもしれない。）。

### 3　建物収去土地明渡請求権保全のための建物処分禁止の仮処分

728　　この種の仮処分の執行は，建物の処分禁止の登記をする方法で行うが（55条1項。→709），債権者は，本案の債務名義の正本に承継執行文の付与を受けて，処分禁止の登記後（民執法23条1項3号に対する例外）建物を譲り受けた者に対し，建物収去およびその敷地の明渡しの強制執行をすることができる（64条）。仮処分の本案が占有権，債権的請求権のとき，この効果を直ちに認めてはならないことは，占有移転禁止仮処分の場合（→727）と同じである。

# 事項索引

## あ 行

争いのある権利関係 …………………… 37
　──の継続性 ……………………………… 46
意思表示を命ずる仮処分 …………… 49, 107

## か 行

回帰的給付を命ずる仮処分と執行期間 …… 93
解放金供託の効果 ………………… 103, 110
家事審判の本案適格 …………………… 43
仮差押え
　──の登記 ……………………………… 96
　──の登記をする方法による執行 ……… 96
　──の本執行への転移 ………………… 104
　──の理由が欠缺の場合の決定の性質 …… 21
仮差押解放金 …………………………… 32
仮差押執行
　──と本執行の競合, 併存 ……………… 105
　──の本差押えとの等質性 ……………… 95
　建設機械に対する── ………………… 100
　航空機に対する── …………………… 99
　債権に対する── ……………………… 100
　自動車に対する── …………………… 99
　船舶に対する── ……………………… 98
　その他の財産権に対する── ………… 102
　動産に対する── ……………………… 100
　不動産に対する── …………………… 95
仮差押命令
　──と執行命令の併記 ………………… 101
　──の根幹部分 ………………………… 31
仮執行処分の停止および取消し ………… 110
仮処分

　──の暫定性 …………………………… 47
　──の抵触 ……………………………… 57
　──の方法の多様性 …………………… 45
　──の理由が欠缺の場合の決定主文 …… 37
仮処分解放金 …………………………… 56
仮処分執行
　金銭の支払いを命ずる── …………… 109
　作為, 不作為を命ずる── …………… 106
　処分禁止の── ………………………… 107
　物の引渡しを命ずる── ……………… 106
仮処分命令
　──における本案請求権の特定表示 …… 55
　──に付する理由 ……………………… 54
　執行処分を含む── …………………… 46
管　轄 …………………… 22, 53, 60, 73, 78
起訴命令所定期間経過後の本案提起等 …… 70
起訴命令に対応する本案の訴え ………… 67
既判力 …………………………………… 14
救済方法の競合 ………………………… 79
給付を命ずる仮処分 …………………… 51
強制管理 ………………………………… 52
　──の方法による仮差押えの執行 …… 97
行政庁の公権力に干渉する仮処分 ……… 41
決　定 …………………………………… 16
原状回復の裁判 …………… 67, 72, 76, 79, 83
権利関係形成の仮処分 ………………… 48
行為を命じ, または禁止する仮処分 …… 51
公法上の金銭債権 ……………………… 19

## さ 行

債権取立等の禁止文言 ………………… 101
財産分与請求権 …………………… 18, 36
裁判所書記官の地位 …………………… 96

| | |
|---|---|
| 裁判手続と執行手続の関係 …… 4, 31, 96, 97, 101 | 担　保 ……………………………………… 29 |
| 債務者の責任財産と仮差押えの理由 ……… 20 | 担保権実行の停止を命ずる仮処分 ………… 40 |
| 債務者の有限責任 …………………………… 30 | 中断した時効の再進行 ……………………… 88 |
| 時効の中断（保全執行）…………………… 88 | 調停前置主義 ………………………………… 70 |
| ──（保全命令申立て）………………… 25 | 重複申立ての禁止 …………………………… 13 |
| 事情(の)変更 ………………………………… 73 | 転移後の本執行の失効 …………………… 105 |
| ──による保全命令の取消し ………… 74 | 当事者恒定効 ………………………… 113, 116 |
| 執行違法説 …………………………………… 57 | 特殊保全処分（仮の処分）………………… 3 |
| 執行官の地位 …………………………… 52, 87 | 特定の物 ……………………… 20, 24, 25, 28, 31 |
| 執行機関 ……………………………………… 87 | 特別の事情による保全取消し ……………… 77 |
| 執行期間 ……………………………………… 90 | 取下げ ……………………………… 15, 24, 60 |
| ──遵守の要件 ………………………… 91 | |
| ──徒過の効果 ………………………… 93 | **な　行** |
| ──と保全異議の関係 ………………… 91 | |
| 執行不能の請求権に基づく仮処分 ………… 46 | 二重売買と処分禁止の仮処分 …………… 112 |
| 執行文 ………………………………………… 90 | 任意的口頭弁論 ………………………… 16, 54 |
| 執行目的財産所在地の地方裁判所 ………… 23 | 認諾 …………………………………………… 15 |
| 執行力が及ぶ主観的範囲の拡張 ………… 115 | |
| 条件付, 期限付, 将来の債権 ……………… 18 | **は　行** |
| 職務執行停止等の仮処分 ………………… 109 | |
| 処分禁止の仮処分 | 非訟事件の本案適格 ………………………… 43 |
| ──の執行 ……………………… 107, 108 | 被保全権利（仮差押え）…………………… 18 |
| ──の執行の効力 …………… 111, 112, 118 | ──（係争物に関する仮処分）……… 35 |
| 処分禁止の登記に後れる登記の抹消 …… 114 | 被保全債権の担保附着 ……………………… 21 |
| 人事訴訟の本案適格 ………………………… 41 | 不作為, 受忍を命ずる仮処分と執行期間 … 92 |
| 真正争訟事件 ………………………………… 44 | 扶養請求権 ……………………………… 18, 36 |
| 審　尋 ……………………………… 16, 62, 78 | 放　棄 …………………………………… 15, 58 |
| 請求の基礎 …………………………………… 12 | 保管人 |
| 全面的決定主義 ……………………………… 27 | ──たる執行官 ………………………… 52 |
| 占有移転禁止の仮処分 …………………… 114 | ──に目的物を保管させる仮処分 … 51, 114 |
| 債権的請求権に基づく── ………… 117 | ──の地位 ……………………………… 51 |
| 占有権に基づく── ………………… 117 | 保全異議 |
| 訴訟費用の裁判 ……… 33, 57, 64, 66, 72, 76, 79, 83 | ──手続中の申立ての変更 …………… 64 |
| 疎　明 …………………………………… 26, 63 | ──の審理の終結 ……………………… 65 |
| | ──の審理の対象 ……………………… 63 |
| **た　行** | ──の申立期間 ………………………… 59 |
| | ──の目的 ……………………………… 59 |
| 第三債務者の供託 ………………………… 102 | 保全仮登記 ………………………………… 113 |
| 第三種の仮処分 ……………………………… 34 | 保全抗告 ……………………………………… 80 |

保全執行
　——裁判所 …………………… 87
　——の停止等の仮の処分 ……… 61, 71, 75
保全訴訟の訴訟物 ………………… 10
保全停止等の仮の処分 …………… 81
保全の必要性（仮差押えの理由） ……… 19
　——（仮処分の理由） ………… 36, 38
保全命令
　——の効力の客観的範囲 ……… 11
　——の種類 ……………………… 9
　——の送達 ……………………… 95
　——の認可，変更，取消し …… 65
　——の要件 ……………………… 9
　——申立ての単複異同 ………… 10
本案請求権
　——による仮処分の方法の制約 … 46
　——の流用 ……………………… 11
本案の管轄裁判所 ………………… 22
本案の起訴等の命令 ……………… 68

## ま　行

民事執行の停止を命ずる仮処分 …… 39
民事保全法の制定 ………………… 5
命令違法説 ………………………… 57
申立て
　——による仮処分の方法の制約 … 45
　——の一部却下，棄却 ………… 28
　——の客観的併合 ……………… 12
　——の変更 ……………………… 14, 64
申立書添付書面 …………………… 25, 52

## ら　行

立証責任 …………………………… 27

## わ　行

和　解 ……………………………… 16

# 判例索引

大審院明治43年2月17日判決・民録16輯104頁 ……………………………………… 41
大審院大正9年5月12日判決・民録26輯661頁 ………………………………………… 70
大審院大正10年6月4日判決・民録27巻1062頁 ……………………………………… 88
大審院大正13年5月20日判決・民集3巻303頁 ………………………………………… 88
大審院昭和3年5月12日決定・民集7巻5号350頁 …………………………………… 57
大審院昭和10年1月25日判決・民集14巻1号39頁 …………………………………… 70
大審院昭和13年7月9日決定・民集17巻15号1403頁 ……………………………… 103
大審院昭和14年4月11日判決・民集18巻5号331頁 ………………………………… 92
大審院昭和18年3月16日判決・新聞4836号12頁 ……………………………………… 88
最高裁昭和23年6月15日判決・民集2巻7号148頁 ………………………………… 70
大阪地裁昭和23年6月19日判決・沢・保全訴訟研究240頁 ……………………… 52
最高裁昭和24年2月1日判決・民集3巻2号21頁 …………………………………… 26
大阪高裁昭和24年4月8日判決・吉川・諸問題71頁 ……………………………… 51
最高裁昭和26年4月3日判決・民集5巻5号207頁 ………………………………… 40
最高裁昭和26年10月18日判決・民集5巻11号600頁 ……………………………… 11, 69
最高裁昭和27年11月10日判決・民集6巻10号1008頁 ……………………………… 74
福岡高裁昭和29年5月29日決定・高裁民集7巻6号489頁 ………………………… 51
東京高裁昭和30年9月29日判決・高裁民集8巻7号519頁 ………………………… 62
最高裁昭和30年10月25日判決・民集9巻11号1678頁 ……………………………… 111
東京高裁昭和31年11月10日判決・高裁民集9巻11号682頁 ………………………… 64
最高裁昭和32年1月31日判決・民集11巻1号188頁 ……………………………… 28, 63
大阪高裁昭和33年12月27日決定・下民集9巻12号2709頁 ………………………… 33
東京地裁昭和34年2月27日決定・判時233号10頁 ………………………………… 43, 44
東京高裁昭和35年5月26日決定・下民集11巻5号1160頁 ………………………… 43
最高裁昭和39年5月21日判決・民集18巻4号608頁 ………………………………… 110
最高裁昭和40年2月4日判決・民集19巻1号23頁 ………………………………… 105
大阪地裁昭和40年10月22日判決・下民集16巻10号1579頁 ………………………… 49
最高裁昭和41年2月23日大法廷判決・民集20巻2号320頁 ………………………… 19
最高裁昭和44年12月19日判決・判時589号49頁 …………………………………… 112
最高裁昭和45年1月23日判決・判時589号50頁 …………………………………… 112
東京高裁昭和45年6月30日判決・下民集21巻5・6号997頁 ……………………… 47
東京高裁昭和45年9月1日決定・下民集21巻9・10号1269頁 …………………… 33
最高裁昭和45年11月6日判決・民集24巻12号1744頁 ……………………………… 110
最高裁昭和57年9月10日判決・民集36巻8号1602頁 ……………………………… 41

最高裁昭和59年3月9日判決・判時1114号42頁 …………………………………… 88
最高裁昭和59年4月24日判決・民集38巻6号687頁 ………………………… 88
最高裁昭和59年9月20日判決・民集38巻9号1073頁 ……………………… 11
東京高裁平成3年11月18日決定・判時1443号63頁 ……………………… 31, 96
東京高裁平成4年10月28日判決・高裁民集45巻3号190頁 ……………… 89
東京高裁平成5年10月27日決定・判時1480頁79頁 ………………………… 43
最高裁平成6年6月21日判決・民集48巻4号1101号 ……………………… 88
最高裁平成10年11月24日判決・民集52巻8号1737頁 …………………… 88
最高裁平成14年6月7日判決・判時1795号108頁，判タ1101号87頁 …… 105
最高裁平成15年1月31日決定・民集57巻1号74頁 ………………………… 13
最高裁平成17年1月20日決定・判時1888号91頁，判タ1175号143頁 …… 93
最高裁平成23年2月9日決定・民集65巻2号665頁 ………………………… 28
最高裁平成24年2月23日判決・民集66巻3号1163頁 ……………………… 11

〈著者紹介〉

戸 根 住 夫（とね・すみお）

1924年7月22日生まれ
1949年　東京大学法学部卒業
　　　　裁判官（1951〜1988年），姫路獨協大学教授（1989〜2000年）を歴任
現　在　弁護士（大阪弁護士会）

〈主要著作・論文等〉
『仮差押・仮処分に関する諸問題』（司法研究報告書14輯4号，1963年）
『訴訟と非訟の交錯』（信山社，2008年）
『民事裁判における適正手続』（信山社，2014年）
「仮差押，仮処分による時効の中断」（姫路法学2号，1989年）
「請求の放棄・認諾に関する現行法上の問題点」（民商法雑誌106巻3号，1992年）
「訴訟手続の受継に関する裁判の問題点」（民商法雑誌108巻6号，1993年）
「仮差押命令における目的物の表示」（判例タイムズ859号，1994年）
「訴訟と非訟」（中野先生古稀祝賀『判例民事訴訟法の理論〈上〉』，1995年）
「人事，家事関係訴訟の適正手続と管轄」（民商法雑誌125巻4・5号，2002年）

Horitsu Bunka Sha

民事保全法要論

2015年3月5日　初版第1刷発行

著　者　戸根住夫
発行者　田靡純子
発行所　株式会社　法律文化社

〒603-8053
京都市北区上賀茂岩ヶ垣内町71
電話 075(791)7131　FAX 075(721)8400
http://www.hou-bun.com/

＊乱丁など不良本がありましたら，ご連絡ください。
　お取り替えいたします。

印刷：中村印刷㈱／製本：㈱藤沢製本
装幀：奥野　章

ISBN 978-4-589-03665-0

Ⓒ 2015 Sumio Tone Printed in Japan

JCOPY　〈(社)出版者著作権管理機構　委託出版物〉

本書の無断複写は著作権法上での例外を除き禁じられています。複写される
場合は，そのつど事前に，(社)出版者著作権管理機構（電話 03-3513-6969,
FAX 03-3513-6979, e-mail: info@jcopy.or.jp）の許諾を得てください。

中野貞一郎・原井龍一郎・鈴木正裕〔編集〕

## 民事保全講座　全3巻

A5判・530〜580頁

### 第1巻　基本理論と法比較

8000円

民事保全の史的考察，基本構造，将来の課題，視座をはじめとする基本理論と，ドイツ，フランス，アメリカ，イギリスをはじめとする主要国の民事保全法制の比較考察を中心に構成。

### 第2巻　審理手続と効力

7500円

新しい民事保全法の審理方式，裁判手続の改善点をはじめとする新法下での理論上，実務上の主要な基本問題に対して，体系的・総合的に考察する。

### 第3巻　仮処分の諸類型

8500円

実務上，関心の高い仮処分（特殊保全処分も含む）の主要類型をおさえて詳細に考察する。とくに，会社関係，労働関係，知的財産権等の仮処分にウエイトをおく。

---

河野正憲・伊藤眞・高橋宏志編

## 民事紛争と手続理論の現在
― 井上治典先生追悼論文集 ―

A5判・732頁・14000円

手続保障論や多数当事者訴訟論など従来の枠組みを越えた視点で民訴法理論の深化と新境地を開拓し，また法学者としてのみならず優れた教育者，実務家としても指導的役割を果たしてこられた井上治典先生を追悼する論文集。

---

原井龍一郎先生古稀祝賀論文集刊行委員会編

## 改革期の民事手続法
― 原井龍一郎先生古稀祝賀 ―

A5判・744頁・17000円

弁護士・実務家研究者として，また実務家と研究者を結ぶオルガナイザーとして，多面にわたり活躍してこられた原井龍一郎先生の古稀を祝賀し，民事手続法分野を代表する豪華執筆陣により編まれた論文集。

---

法律文化社

表示価格は本体（税別）価格です